Élodie Giroux

Après Canguilhem : définir la santé et la maladie

Philosophies

Presses Universitaires de France

Philosophies

Collection fondée par
Françoise Balibar, Jean-Pierre Lefebvre
Pierre Macherey et Yves Vargas
et dirigée par
Ali Benmakhlouf, Jean-Pierre Lefebvre
Pierre-François Moreau
et Yves Vargas

Ce livre est dédié à la mémoire de Marie-Claude Lorne

Je remercie Jean Gayon, Philippe Huneman et Anouk Barberousse
pour leurs encouragements
et Maël Lemoine pour sa relecture

ISBN 978-2-13-056900-8

Dépôt légal — 1re édition : 2010, juin

6, avenue Reille, 75014 Paris

Sommaire

Abréviations

CANGUILHEM
NP : *Le normal et le pathologique* (1966)

BOORSE
DI: « On the Distinction between Disease and Illness » (1975)
MH: « What a Theory of Mental Health Should Be » (1976)
WF: « Wright on Functions » (1976)
HTC: « Health as a Theoretical Concept » (1977)
CH: « Concepts of Health » (1987)
RH: « A Rebuttal on Health » (1997)
RF: « A Rebuttal on Functions » (2002)

TBS : Théorie biostatistique de la santé et de la maladie

NORDENFELT
NH: *On the Nature of Health. An Action-Theoretic Approach* (1995)
AAH: *Action, Ability and Health. Essays in the Philosophy of Action and Welfare* (2000)
LHC: « The Logic of Health Concepts » (2004)

Notes de traduction

Toutes les traductions sont les nôtres.

Nous explicitons nos choix pour la traduction de *« disease »* et *« illness »* dans une note p.10 et pour la traduction de *« ability »* et *« disability »* dans une note p.59 et p.63.

Introduction

Sans les concepts de normal et de pathologique la pensée et l'activité du médecin sont incompréhensibles. Il s'en faut pourtant de beaucoup que ces concepts soient aussi clairs au jugement médical qu'ils lui sont indispensables. Pathologique est-il un concept identique à celui d'anormal ? Est-il le contraire ou le contradictoire du normal ? Et normal est-il identique à sain ? Et l'anomalie est-elle même chose que l'anormalité ?

Georges Canguilhem, « Le normal et le pathologique », *La connaissance de la vie*, p. 155

Il est très difficile, sinon impossible, de poser les limites entre la santé et la maladie, entre l'état normal et l'état anormal. D'ailleurs, les mots santé et maladie sont très arbitraires. Tout ce qui est compatible avec la vie est la santé ; tout ce qui est incompatible avec la durée de la vie et fait souffrir est maladie. (La définition de la maladie a épuisé les définisseurs.)

Claude Bernard, *Principes de médecine expérimentale*, p. 270

La dépendance au tabac doit-elle être considérée comme pathologique ? Convient-il de rembourser les médicaments qui aident au sevrage de certaines drogues ? Un facteur de risque comme une hypertension légère n'occasionne aucun symptôme et n'est lié que de manière probable à la survenue d'une maladie, mais il est traité préventivement : convient-il pour autant de l'assimiler à du pathologique ? Le traitement de l'impuissance par le Viagra constitue-t-il un soin ou un confort ? Le statut de maladie semble de plus en plus lié aux possibilités de traitement et donc aux découvertes et innovations de l'industrie pharmaceutique et cette dernière joue désormais un rôle tout aussi important que le médecin et le malade dans la définition de la maladie[1]. Pour autant, peut-on se contenter de constater cet état de fait et, surtout, cela conduit-il à affirmer par exemple que, si l'on trouvait un traitement permettant de prolonger la vie ou d'éviter le vieillissement, vieillir serait une maladie ? Ces différentes interrogations mettent en évidence les multiples enjeux d'une définition générale de la santé et de la maladie. Caractériser un état comme pathologique a, dans nos États-providence, d'importantes conséquences sociales, éthiques, politiques et juridiques. Outre les conséquences sur le plan des investissements, choix et orientations de la recherche biomédicale, une telle catégorisation décide et justifie de la prise en charge

1. Jeremy Greene, *Prescribing by Numbers. Drug and the Definition of Disease*, Baltimore, Johns Hopkins University, 2007.

thérapeutique, du remboursement par les assurances sociales, donne des droits sociaux spécifiques et, dans le domaine judiciaire, décide de l'irresponsabilité du criminel. Or, l'enjeu pratique de la définition de la santé et de la maladie semble n'avoir jamais été aussi important au moment où la possibilité d'une démarcation naturelle et objective et d'une définition générale et univoque est radicalement questionnée. Depuis le milieu du XXe siècle et le développement de la biomédecine, on a assisté à d'importantes critiques de l'idée, solidement ancrée dans le monde médical, selon laquelle il y aurait une démarcation *naturelle* entre le normal et le pathologique. Un ensemble d'études de sociologues, d'historiens, d'anthropologues, de philosophes et de psychiatres, portant sur, par exemple, l'alcoolisme ou d'autres addictions, l'homosexualité, la masturbation, la ménopause, ou encore la vieillesse[1], ont mis en évidence la relativité historique et sociale des jugements présidant à la catégorisation d'un état ou d'un comportement comme normal ou

1. T. Szasz, « Bad Habits Are not Diseases: A Refutation of the Claim that Alcoholism is a Disease », *The Lancet* 2, 1972, p. 83-84 ; R. Green, « Homosexuality as a Mental Illness », *International Journal of Psychiatry*, 1972, n° 10, p. 77-98 ; T. Engelhardt « The Disease of Masturbation: Values and the Concept of Disease », *Bulletin of the History of Medicine*, 1974, 48, n° 2, p. 234-248; A. Barnes, « Is Menopause a Disease? », *Consultant*, 1962, n° 2, p. 22-24 ; A. L. Caplan, « The "Unnaturalness" of Aging – A Sickness Unto Death? », *in* A. L. Caplan, H. T. Engelhardt, J. J. McCartney (ed.), *Concepts of Health and Disease: Interdisciplinary Perspectives*, Reading, Mass, Addison-Wesley, 1981, p. 725-737.

pathologique. Cette relativité ne serait pas seulement liée aux progrès et aux changements de la science médicale, mais révélerait la dimension intrinsèquement culturelle et sociale de nos concepts de santé. Dans leurs orientations les plus extrêmes, ces critiques ont pu conduire à des positions *relativistes* : on ne peut pas justifier rationnellement qu'un jugement vaut mieux qu'un autre (par exemple, l'affirmation selon laquelle la masturbation ou l'homosexualité ne sont pas pathologiques). Ce relativisme doit être distingué du *« normativisme »* qui consiste à soutenir que tous les jugements sur la santé et la maladie incluent des jugements de valeur tout en maintenant la possibilité d'une justification et d'une hiérarchisation de ces valeurs. L'idée, dominante en médecine, selon laquelle la maladie peut être définie objectivement et scientifiquement comme une simple déviation par rapport à une normalité statistique ou physiologique serait illusoire. Certains dénoncent même, une nature *construite*, idéologique et sociopolitique de la catégorie générale de maladie : le discours médical prétendument scientifique et naturaliste serait utilisé pour justifier, de manière déguisée, des exclusions sociales, politiques ou morales ou, encore, une médicalisation excessive du domaine de la vie, c'est-à-dire dans le langage d'Ivan Illich, une « expropriation de la santé », et dans celui de Michel Foucault, un « biopouvoir »[1]. Mais

1. H. T. Engelhardt, « Ideology and Etiology », *The Journal of Medicine and Philosophy*, 1976, n° 1, p. 256-268 ; I. Illich, *Nemesis*

n'est-ce pas précisément en mettant en question la possibilité d'une définition objective ou théorique de la maladie que les thèses relativistes et constructivistes, tout comme le « normativisme », exposent au problème d'une extension indéfinie du domaine de la médecine et du champ de la pathologie ?

Les notions de santé et de maladie sont multiples, ambiguës et complexes. Un même concept peut-il valoir pour le physique et le mental, les êtres humains, les animaux et les plantes, et pour différents niveaux d'organisation comme la population, l'individu ou l'organisme, l'organe et la cellule ? Pour le terme de *maladie*, au moins trois strates différentes de signification sont mêlées qui ont été conventionnellement associées à trois termes anglais dans le débat philosophique contemporain : un sens médical et objectif (*disease,* « une maladie »), un sens subjectif, existentiel et clinique (*illness,* « être malade ») et un sens subjectif et social (*sickness,* « être un malade »)[1]. Le préambule

Médicale, Paris, Seuil, 1975 ; M. Foucault, *Naissance de la biopolitique. Cours au Collège de France (1978-1979)*, Paris, Gallimard/Le Seuil, 2004.

1. Voir notamment B. Hofmann, « On the Triad Disease, Illness and Sickness », *Journal of Medicine and Philosophy*, 2001, n° 6, p. 651-673. Notons que ces distinctions ne renvoient pas rigoureusement à l'usage ordinaire de ces termes dans la langue anglaise (par exemple, *« sickness »* désigne d'abord le mal de mer). Mirko Grmek a proposé cette correspondance en langue française pour ces trois termes selon qu'on utilise « maladie » comme nom ou comme adjectif (« Le concept de maladie », *in* M. D. Grmek (dir.), *Histoire de la pensée médicale en Occident,* t. 1, Paris, Seuil, 1995,

de l'Organisation Mondiale de la Santé (OMS), en donnant une *définition positive de la santé* comme « un état de complet bien-être physique, mental et social et pas seulement l'absence de maladie et d'infirmité »[1], a en outre contribué à élargir le domaine de la médecine. Car, qu'entendre par « bien-être » et par « complet » ? Quelles sont les limites d'« un état de complet bien-être » et quelle est la frontière entre la santé et le bonheur ? S'il convient de reconnaître que les phénomènes relatifs à la maladie et à la santé humaines ont des dimensions qui ne sont pas seulement biologiques

p. 211). Pour traduire *« disease »* et *« illness »* dans nos présentations des théories de Boorse et de Nordenfelt, nous avons fait le choix de ne pas suivre une ligne directrice systématique. Nous traduisons les deux par « maladie » quand plus de précision ne nous semble pas nécessaire. Quand la nuance est importante, nous utilisons pour *« disease »* : « pathologie », « état pathologique » ou encore, quand cela est possible, « le pathologique » qui correspond le mieux à la théorisation de cette notion par nos deux auteurs, et nous conservons « maladie » pour *« illness »*. Cela nous conduit à être plus précis que l'anglais lui-même qui dispose aussi de *« pathology »* et *« pathological condition »* mais toutefois moins vague que le français qui n'a pas cette distinction entre deux noms communs *« disease »* et *« illness »*. Le choix de conserver « maladie » pour *« illness »* plutôt qu'« affection » qui serait aussi possible nous permet de conserver la proximité avec le vocabulaire de Canguilhem et la distinction entre « le pathologique » et « la maladie ». Pour l'une et l'autre option, quand il nous a semblé nécessaire de spécifier quel terme était utilisé par l'auteur, nous l'avons tout simplement mis entre parenthèses.

1. World Health Organization, « Constitution of the World Health Organization », *Chronicle of the World Health Organization*, 1947, 1/1-2, p. 3.

mais aussi sociales, politiques et culturelles, et qu'il est indispensable de prendre en compte l'environnement des individus, est-on pour autant nécessairement conduit à adopter une position *relativiste* et *constructiviste* par rapport à ces concepts ? Comment rendre compte qu'en dépit de cette diversité à travers les cultures et les époques, il y ait une grande unanimité pour classer comme pathologique, le cancer, la tuberculose, les maladies cardiovasculaires, etc. ? Un critère objectif et biologique n'intervient-il pas dans la démarcation entre le normal et le pathologique ? La position « *naturaliste* » qui défend l'existence d'un concept théorique pouvant être appliqué objectivement à un état de l'organisme est-elle la seule à pouvoir contenir le risque d'extension indéfinie du champ de la médecine et de l'usage idéologique de la notion de maladie ? L'enjeu pour les médecins, mais aussi les politiques, est bien la possibilité de s'appuyer sur des jugements de santé qui ne soient pas entièrement et uniquement dictés par des normes arbitraires, qu'elles soient subjectives, sociales ou culturelles. Une clarification conceptuelle n'a-t-elle pas une urgence dans ce contexte ? Un concept théorique, même s'il ne recouvre pas la totalité des usages du terme de maladie, existe-t-il et peut-il être défini ? Dans ce débat, quel rôle la philosophie peut-elle jouer ? N'est-elle pas une discipline privilégiée pour analyser la structure, l'unité ou l'irréductible équivocité des concepts de santé et de maladie, mais aussi pour s'interroger sur le statut des jugements de santé ; et s'ils sont des jugements de valeur, sur les types de valeurs qui sont alors en jeu ?

La recherche d'une définition générale de la santé et de la maladie et l'espoir de clarifier les enjeux de ces notions sont étroitement liés à la question de la définition du domaine, des buts et du statut épistémologique de la médecine et sont au cœur de la philosophie contemporaine de la médecine[1]. Dans sa thèse de médecine publiée en 1943, l'*Essai sur quelques problèmes concernant le normal et le pathologique*[2], le philosophe et médecin Georges Canguilhem (1904-1995) a contribué de manière majeure à cette clarification en menant une analyse des notions de normal et de pathologique, de santé et de maladie, de norme, moyenne, anomalie et anormalité, dans un style de philosophie qui mêle approches épistémologique et historique. Avant l'importance prise par le *« normativisme »* et sa critique du concept biomédical de maladie, G. Canguilhem avait défendu la thèse d'une

1. É. Giroux, « Philosophie de la médecine », dans A. Barberousse, D. Bonnay, M. Cozick (dir.), *Précis de Philosophie des Sciences*, à paraître chez Vuibert. Voir aussi J. Gayon, « Épistémologie de la médecine » *in* D. Lecourt (dir.), *Dictionnaire de la pensée médicale*, Paris, PUF, 2004, p. 430-439.

2. L'édition de 1966 que nous utilisons et citons contient en plus de la thèse de 1943 (qui constitue la partie I), une deuxième partie rédigée en 1963 : « Nouvelles réflexions concernant le normal et le pathologiques » : *Le normal et le pathologique*, Paris, PUF, 1966. Nous nous contenterons pour les renvois à ce livre de citer, dans le corps du texte, le titre du livre en abrégé *(NP)* ainsi que le numéro de la page.

essentielle « normativité » des notions de normal et de pathologique à partir d'une réflexion sur la vie, et en particulier, de sa caractérisation comme « activité normative » (NP, 77)[1]. C'est à partir d'un concept original de *normativité biologique*, qui mêle les notions de *norme* et de *valeur*, qu'il rend compte de la distinction entre le normal et le pathologique. Puis, dans les années 1960-1970 une controverse, principalement anglo-saxonne, s'est développée à propos du rôle et de la place des *valeurs* dans les concepts et les jugements de santé : pour les « normativistes » *(stricto sensu)* les concepts de santé et de maladie sont intrinsèquement normatifs car ils dépendent des valeurs *sociales* et des intérêts humains et la maladie est un état indésirable, pour les « naturalistes », même si ces concepts sont souvent associés à des valeurs au niveau clinique, il y a un niveau fondamental de description auquel décider du statut pathologique d'un organe comme le cœur par exemple, peut relever d'un jugement scientifique et empirique qui soit indépendant des valeurs[2]. Mais

1. Canguilhem déplace ainsi sur le terrain des normes et des valeurs la principale controverse sur ces notions, qui opposait une *conception ontologique* des maladies, selon laquelle elles ont une réalité indépendamment de l'être qu'elles affectent, à une *conception physiologique*, pour laquelle il n'y a entre le normal et le pathologique qu'une différence de degré.

2. Le choix peu précis et peu approprié du terme *« normativism »* alors que le débat concerne principalement les valeurs ne semble pas pouvoir être attribuable à un héritage de Canguilhem qui donne un sens bien différent, nous le verrons, au concept de normativité, et dont *Le normal et le*

nous verrons que le contenu de cette controverse dépasse la question des valeurs et aborde l'ensemble de celles que nous venons d'évoquer.

Dans le contexte de la philosophie analytique, la question de la définition de la science et de sa démarcation relativement à la métaphysique et à l'éthique est devenue centrale. Par ailleurs, avec ce qu'on a appelé le tournant linguistique de la philosophie des sciences, et en particulier l'entreprise de clarification des concepts selon la méthode dite de *l'analyse conceptuelle*, l'étude philosophique des concepts généraux de santé et de maladie a pris une tournure plus sémantique et logique. La question de la distinction entre le normal et le pathologique devient davantage celle de la possibilité de *définir* la santé et la maladie et de déterminer un sens général pour ces concepts. Une telle définition fournirait un critère de discrimination permettant de s'entendre sur la signification du pathologique et de résoudre ainsi un certain nombre des controverses évoquées. C'est en tout cas la conviction qui anime les deux auteurs dont nous présentons les définitions : le philosophe américain

pathologique n'a été traduit en anglais qu'en 1978. En dépit de cette imprécision et des multiples autres manières de caractériser ce débat (objectivisme *vs.* constructivisme ; réductionnisme *vs.* subjectivisme, neutralisme *vs.* normativisme, etc.), nous maintenons cette opposition qui est la plus usuelle. Voir B. Hofmann, « Complexity of the Concept of Disease as Shown through Rival Theoretical Frameworks », *Theoretical Medicine and Bioethics*, 2001, n° 22, p. 211-216.

Christopher Boorse, généralement considéré comme le principal représentant du camp *naturaliste*, et le philosophe suédois, Lennart Nordenfelt, dont la théorie est souvent catégorisée comme relevant d'une version *modérée* du *normativisme*, c'est-à-dire cette position selon laquelle les jugements sur la santé et la maladie ne reposent pas seulement et entièrement sur des jugements de valeur *(version forte)*[1] mais intègrent aussi des jugements descriptifs. Dans le foisonnement des débats, il nous a semblé pertinent de concentrer notre attention sur ces deux théories ; nous pensons qu'elles constituent les définitions générales les plus solides et les plus abouties de la santé qui s'inscrivent dans le prolongement de l'entreprise de clarification inaugurée par Canguilhem. L'objectif de cet ouvrage est de présenter l'apport théorique de ces deux auteurs et, à travers eux, celui du débat anglo-saxon et de l'analyse conceptuelle, dans le souci de pointer ressemblances et différences vis-à-vis des thèses défendues par Canguilhem dans *Le normal et le pathologique*. Même si ces thèses n'ont eu de véritable influence sur le débat anglo-saxon qu'après que l'ouvrage n'a été traduit en anglais en 1978[2] et, même si, en dépit de l'objet

1. Cette distinction entre versions modérée et forte du normativisme a été introduite par Boorse. « On the Distinction Between Disease and Illness », *Philosophy and Public Affairs*, 1975, n° 5, p. 51.

2. *The Normal and the Pathological* (1966), trans. Carolyn R. Fawcett, Dordrecht, Reidel, 1978. Dans les premiers articles de C. Boorse, aucune référence n'est faite à Canguilhem, qu'il semble n'avoir lu qu'après sa traduction en anglais ; il le

commun, la différence des styles de philosophie semble à première vue les tenir à grande distance, il nous a semblé utile de nous risquer à établir un lien et à identifier des axes d'approfondissement. Par-delà leurs divergences de position sur la manière de comprendre et de répondre à la question des dimensions normative et axiologique des concepts de santé et de maladie, ces trois auteurs partagent une même recherche de *définition* qui puisse valoir pour l'ensemble des êtres vivants d'une part, et pour le physique et le mental d'autre part. Dans une première partie, nous mettons en perspective les analyses de ces trois auteurs, à partir de l'idée que chacune d'entre elles n'est pas si aisément classable dans une vision trop tranchée de la polarisation de la controverse entre *normativisme* et *naturalisme*. Les catégories de normativisme et de naturalisme sont particulièrement équivoques ; selon le sens qu'on leur donne, on peut classer les définitions de nos trois auteurs dans l'une ou dans l'autre. Après une présentation rapide des thèses de Canguilhem, et en particulier, de son concept de normativité biologique, nous dégageons quelques éléments qui prêtent au questionnement et ouvrent à des prolongements théoriques. Dans les deux parties suivantes, nous montrons comment la théorie

cite en effet dans la bibliographie de l'article de 1987 (CH, 393). Nous verrons que L. Nordenfelt fait quant à lui explicitement référence à Canguilhem dès les premières formulations de sa théorie en 1987.

biostatistique et analytique de Boorse (deuxième partie), puis celle holistique de Nordenfelt (troisième partie), peuvent être considérées, chacune à leur manière, comme apportant approfondissement et clarification de certains d'entre eux.

Canguilhem, Boorse et Nordenfelt : entre naturalismes et normativismes

Georges Canguilhem et la normativité biologique : un naturalisme antiréductionniste ?

Pour Georges Canguilhem les concepts de santé sont intrinsèquement normatifs. Si l'on situe ses thèses dans la polarisation du débat anglo-saxon entre *naturalisme* et *normativisme*, il semble à première vue préférable de les placer du côté du *normativisme*. Toutefois, l'originalité de sa démarche consiste à fonder son interprétation normative des catégories fondamentales de la médecine dans une philosophie du vivant, et plus précisément, dans une *normativité* d'abord et fondamentalement *biologique* et *individuelle*. Dès lors, si l'on retient par ailleurs un sens large de *naturalisme* comme une compréhension des phénomènes se référant à la biologie ou à la nature, sa conception de la santé pourrait bien être catégorisée aussi comme telle. Mais il est alors nécessaire de préciser que ce naturalisme est « antiréductionniste[1] ». Notons d'emblée que pour Canguilhem les notions de *norme* et de *valeur* ont un sens équivalent dans la mesure où il conçoit la norme comme ce qui réfère un fait à une valeur (NP, 76)[2].

Critique des définitions expérimentale et statistique du normal. – Canguilhem met à l'épreuve la prétention à faire de la médecine une science à partir de l'examen critique et séparé de deux définitions objectives de la santé : la définition physiologique et expérimentale de Claude Bernard (1813-1878) (NP, 32-51, 91-95) et la définition statistique (NP, 96-117). Dans la conception physiologique héritée du principe de Broussais, la maladie n'est pas autre chose que la variation *quantitative* d'une fonction physiologique par excès ou par défaut. Défendant l'idée d'un principe général et absolu de déterminisme valable aussi bien pour le vivant que pour l'inerte, Bernard affirme pouvoir déterminer expérimentalement les normes physiologiques et en inférer quantitativement le pathologique. Voici ce qu'écrit Canguilhem : « Ce que les physiologistes, depuis Cl. Bernard entendent par phénomènes normaux, ce sont des phénomènes dont l'exploration permanente est possible grâce à des dispositifs de laboratoire et dont les caractères mesurés se révèlent identiques à eux-mêmes pour un

1. Céline Lefève utilise cette désignation. « Le normal et le pathologique », J. M. Mouillie, C. Lefève et L. Visier (dir.), *Médecine et sciences humaines, Manuel pour les études médicales*, Paris, Les Belles Lettres, 2007, p. 86-103. Il peut sembler préférable de considérer que la notion même de « valeur biologique » (NP, 148) situe la pensée de Canguilhem au-delà de cette polarisation entre normativisme et naturalisme. Toutefois, nous prenons le parti de considérer que cette polarisation n'est pas non plus bien adaptée à l'interprétation des théories des auteurs que nous présentons.

2. Voir sur ce point, et pour une présentation plus approfondie des thèses de Canguilhem que celle que nous proposons ici : G. Le Blanc, *Canguilhem et les normes*, Paris, PUF, 1998.

individu donné, dans des conditions données, et à quelques écarts d'amplitude définie près, identiques d'un individu à l'autre dans des conditions identiques. Il semblerait donc qu'il y ait une définition possible du normal, objective et absolue, à partir de quoi toute déviation au-delà de certaines limites serait logiquement taxée de pathologique » (NP, 91-92). Précisons que, considérant que les idées générales n'ont pas d'existence en dehors de leur instanciation, Cl. Bernard adopte une position nominaliste : pour lui, il n'y a pas à proprement parler de *définitions* générales de la santé ou de la maladie (« La définition de la maladie a épuisé les définisseurs ») mais leurs « causes prochaines » ou « conditions d'existence » peuvent être *déterminées expérimentalement*[1]. Cette conception de la santé a des conséquences sur les relations entre physiologie, pathologie et clinique : il y a une priorité logique du physiologique sur le pathologique qui en est déduit, mais aussi de la physiopathologie sur la clinique qui en est la simple application pratique. Le cœur de la critique de Canguilhem consiste à montrer que, conduit par sa volonté de faire de la médecine une science selon le dogme de l'expérimentation, Bernard en vient, dans un *réductionnisme* excessif, à nier l'essentielle négativité – au sens de « valeur négative » – de toute maladie pour l'individu, c'est-à-dire la valeur de l'expérience vécue qu'est la « *mal*-adie », et à faire ainsi disparaître l'objet même de la « *patho*-logie » (NP, 49) en identifiant le pathologique au normal à quelques écarts quantitatifs près.

La définition statistique de la normalité demeure très utilisée en médecine en dépit des critiques de Cl. Bernard pour lequel, d'une part, l'empirisme de la statistique est incompatible avec le déterminisme de la science et, d'autre part, l'usage du concept de moyenne conduit à s'aveugler sur la grande variabilité physiologique

1. Canguilhem le mettra en évidence dans un opuscule plus tardif : *La santé, concept vulgaire et question philosophique* (1990) in *Écrits sur la médecine*, Paris, Seuil, 2002, p. 56.

interindividuelle et intra-individuelle[1]. Cette conception repose sur la *réduction* abusive de la notion de norme à la fréquence statistique ou moyenne, une notion susceptible de signification objective. Elle serait un héritage de la statistique d'Adolphe Quételet (1796-1874)[2]. Ce dernier a montré que la représentation graphique de la variation de caractéristiques individuelles comme la taille dans une population humaine correspond à la courbe dite en « cloche », c'est-à-dire la courbe des erreurs de mesure définie par le mathématicien Carl F. Gauss (1777-1855). Dans cette distribution, les écarts sont d'autant plus rares qu'ils sont plus grands. L'interprétation médicale de ce phénomène conduit à associer les écarts les plus rares, au pathologique, et la moyenne, à la norme. La démarcation entre le normal et le pathologique peut ici aussi être quantitativement déterminée. Quételet donne une interprétation ontologique de cette régularité que la distribution gaussienne d'un grand nombre de traits physiologiques rend visible : elle manifeste que le vivant et les phénomènes sociaux sont soumis à des lois et qu'un type humain ou Homme Moyen peut ainsi être identifié derrière l'apparente diversité. Outre le problème du fondement et de la justification de l'identification entre la norme et la moyenne, Canguilhem considère qu'il est vain de vouloir réduire ces deux concepts l'un à l'autre : la moyenne est plutôt l'indice d'une normativité sous-jacente au sein d'un groupe ou d'une espèce. Les constantes qui se présentent dans un groupe donné, loin de constituer des normes *fixes*, objectives et absolues, sont l'indice d'une adaptation *provisoirement* réussie entre une espèce particulière et son environnement (NP, 111).

1. *Introduction à l'étude de la médecine expérimentale*, Paris, Champs Flammarion, 1984, p. 185-198 et *Principes de médecine expérimentale*, Paris, PUF, 1947, p. 59-75.

2. *Sur l'homme et le développement de ses facultés, Essai de physique sociale*, Paris, Bachelier, 1835.

Normativité biologique et individualité. – Dans ces deux tentatives d'objectivation du pathologique, la négativité de la maladie est niée. Or pour Canguilhem, cette valeur est irréductible. La clinique met en évidence que la dimension existentielle de la maladie est première historiquement et hiérarchiquement : « c'est [...] toujours en droit, sinon actuellement en fait, parce qu'il y a des hommes qui se sentent malades qu'il y a une médecine, et non parce qu'il y a des médecins que les hommes apprennent d'eux leurs maladies » (NP, 53). La prétention à définir objectivement le pathologique en négligeant son origine dans l'expérience vécue d'un sujet conduit à ignorer l'essentielle *normativité* du vivant, sain ou malade. « Ce qui distingue le physiologique du pathologique ce n'est pas une réalité objective de type physico-chimique, c'est une valeur biologique » (NP, 148), une *norme* immanente à la vie. C'est en réalité à la vie qu'il faut s'intéresser pour clarifier la question de savoir ce qui est normal et ce qui est pathologique. La notion de *normativité biologique* introduite par Canguilhem s'enracine dans ce fait jugé irréductible et indépassable : le vivant *préfère* la vie à la mort, la santé à la maladie, il choisit, sélectionne. Il n'y a pas pour le vivant d'indifférence au milieu. Il favorise certaines normes ou valeurs de vie et ainsi, se maintient et s'individualise. La vie n'est pas « seulement soumission au milieu mais institution de son milieu propre » (NP, 155). Ainsi, la vie est valeur : elle est « polarité et par là même position inconscience de valeur » (NP, 77). La normativité consciente de l'être humain ne serait en réalité que le prolongement d'une normativité en germe dans la vie et qu'il partage avec tout être vivant. Dès lors, la vie et la santé, sont inobjectivables car, loin d'avoir le statut d'un objet, elles sont avant tout une « activité », un « comportement », une « allure » dont la normativité est d'abord appréhendée dans l'expérience individuelle.

On ne saurait comprendre l'interprétation normative que propose Canguilhem de la vie sans tenir compte de son articulation à celle qu'il donne de l'individualité biologique[1]. D'une part, dans son examen ontologique du concept d'individualité, Canguilhem considère que, aux côtés d'autres candidats comme la cellule ou la société, l'organisme est l'entité qui correspond le mieux au concept d'individu[2]. D'autre part, pour défendre le lien étroit entre la normativité biologique et l'individualité ainsi définie, outre la reprise de l'argumentation clinique développée par le médecin et neurologue Kurt Goldstein dans

1. Pour préciser la relation entre individualité et normativité, G. Le Blanc propose cette formulation intéressante : « Le concept de "normativité" précise la relation nécessaire entre vie et individualité ». *Canguilhem et les normes*, *op. cit.*, p. 52. Sur l'importance du concept d'individualité biologique chez Canguilhem et le fondement biologique donné au concept de normativité, voir J. Gayon, « Le concept d'individualité dans la philosophie biologique de Georges Canguilhem », dans G. Le Blanc (dir.), *Lectures de Canguilhem*, ENS éditions, 2000, p. 19-47.

2. « La théorie cellulaire » (1945), reproduit dans *La Connaissance de la vie*, Paris, Vrin, 1975, p. 43-80.

La structure de l'organisme, Canguilhem lui donne un fondement biologique *objectif* en prenant appui sur la théorie darwinienne de l'évolution et l'importance qu'y prennent les notions de sélection, de différences individuelles et d'adaptation au milieu (*NP*, 79-80)[1]. Pour Canguilhem, une normativité est à l'œuvre dans la sélection naturelle qui intervient au niveau de l'organisme individuel[2]. Ce niveau d'action de la sélection permettrait de fonder biologiquement sa thèse d'un lien étroit entre valeur vitale et variabilité individuelle. Darwin semble en effet n'avoir admis de sélection naturelle qu'au niveau des individus, la variation à l'origine du processus de sélection consistant toujours dans les « différences individuelles » et non pas entre des « races » ou des groupes. Par ailleurs, l'entité sélectionnée serait celle à laquelle bénéficient les traits qui évoluent, le bénéfice étant défini en termes de survie et de reproduction. Le processus de sélection naturelle

1. K. Goldstein, *La structure de l'organisme*, Paris, Gallimard, 1951. Jean Gayon souligne que *l'objectivité* n'est pas ici celle du discours positiviste sur la maladie mais qu'elle consiste à élargir les catégories cliniques du normal et du pathologique de manière à leur conférer une portée biologique générale. « Le concept d'individualité dans la philosophie biologique de Georges Canguilhem », art. cit., p. 26.

2. Dans un texte plus tardif, Canguilhem souligne le fait que « [...] Darwin a introduit en biologie un critère de normalité fondé sur le rapport du vivant à la vie et à la mort ; il est bien loin d'avoir éliminé toute considération de normalité dans la détermination de l'objet biologique ». « La question de la normalité dans l'histoire de la pensée biologique », in *Idéologie et rationalité dans les sciences de la vie*, Vrin, 1981, p. 132.

exige donc des entités ontologiques suffisamment organisées pour être capables de reproduction.

Dès lors, les concepts de santé n'ont de sens qu'au niveau de l'organisme ou « totalité individuelle » : « C'est la raison pour laquelle nous proposons, contrairement à toutes les habitudes médicales actuelles, qu'il est médicalement incorrect de parler d'organes malades, de tissus malades, de cellules malades » (NP, 150). Par ailleurs, il y a bien une différence *qualitative* (et pas seulement *quantitative*) entre le normal et le pathologique : loin d'être vague, arbitraire ou construite, cette distinction est « parfaitement précise », à condition qu'on ne considère qu'un seul et même individu successivement (NP, 119). Cette différence est normative et advient au niveau de l'expérience individuelle vécue ; par suite, elle « n'a et ne peut avoir qu'une portée clinique » (NP, 150). Aussi Canguilhem affirme-t-il, contre Bernard, la priorité et l'irréductibilité du pathologique au physiologique, mais aussi de la clinique à la physiopathologie. Par conséquent, c'est aussi le statut épistémologique de la médecine qui se trouve modifié : la médecine serait un « art au carrefour de plusieurs sciences » (NP, 7) plus qu'une science proprement dite. Une *physiologie scientifique* est toutefois possible, mais elle n'est pas alors la « science des fonctions normales », mais la « science des conditions de la santé », et plus précisément même, la « science des allures stabilisées de la vie » (NP, 137). La stabilité et l'identité de son objet à lui-même sont cependant problématiques. Elles sont celles d'une habitude plutôt que d'une nature. Mais, pour ce qui concerne la *pathologie*, il « semble difficile d'admettre qu'il puisse y avoir une science de la maladie » car c'est toujours d'abord à partir de l'expérience individuelle et subjective d'un échec de la vie que provient l'identification d'un état comme pathologique (NP, 142-143). Canguilhem affirme alors qu'*il n'y a pas de pathologie objective*, au sens où son objet est toujours un import d'origine subjective et n'est pas tant un fait qu'une valeur : « On peut décrire objectivement des structures ou des comportements, on ne peut les dire "pathologiques" sur la foi d'aucun critère purement objectif » (NP, 153 et 156-157).

L'esquisse d'une définition de la santé à partir de la notion de capacité. – Ainsi, santé et maladie, normal et pathologique, ont leur origine hors du champ du savoir. « C'est la vie elle-même, par la différence qu'elle fait entre ses comportements propulsifs et ses comportements répulsifs, qui introduit dans la conscience humaine les catégories de santé et de maladie. Ces catégories sont biologiquement techniques et subjectives et non biologiquement scientifiques et objectives. » (NP, 150) Mais, là sont toute l'ambivalence et la richesse de la pensée de Canguilhem qui n'exclut pas pour autant la possibilité d'une définition. À propos du concept de santé, il précise que « dire qu'il n'est pas celui d'une existence, mais d'une norme [...]. Cela ne signifie pas que santé soit un concept vide » (NP, 41). Il n'exclut pas non plus la possibilité d'un « concept empirique » de maladie, mais il sera secondaire et subordonné au « concept axiologique » et donc, *partiellement* objectif (NP, 156). Il reste à préciser cette articulation et ses modalités. Par ailleurs, ainsi liés au pouvoir normatif de la vie, ces concepts s'appliquent à tous les vivants « bien que les termes de pathologique ou de maladie, par leur rapport à *pathos* ou à *mal*, indiquent que [...cette application se fait] par régression sympathique à partir de l'expérience humaine vécue » (NP, 150). Puis Canguilhem établit un ensemble de clarifications conceptuelles. Il affirme tout d'abord l'importance de distinguer la *santé* de la *normalité*, le *pathologique* de l'*anormalité*, et nie que le concept de *normal* soit dans une relation logique contradictoire à celui de *pathologique* puisque ces derniers sont deux manifestations d'un même pouvoir normatif de la vie. La notion de normativité est donc plus large, englobant celles de la santé et du pathologique. Le *pathologique* n'est pas en effet l'absence de norme, mais une normativité restreinte, une norme de vie inférieure, une réduction de « l'assurance biologique initiale » (NP, 132). La *maladie* est définie comme « un comportement de valeur négative pour un vivant individuel, concret, en relation d'activité polarisée avec son milieu » (NP, 150). La *santé*, qui est le contraire vital du pathologique, désigne la *capacité* des êtres vivants à surmonter la maladie, le stress et les modifications du milieu de vie, en se surpassant et créant leurs propres normes vitales. Elle est une norme de vie supérieure. Outre celles déjà évoquées, une grande variété de notions et d'expressions est déployée par Canguilhem pour tenter de préciser le sens de la santé comme capacité normative : « comportement », « allure »[1], la possibilité de tolérer ou « d'instituer d'autres normes » (NP, 120), « l'ensemble de sécurités et d'assurances », un « volant régulateur des possibilités de réaction », un « pouvoir de tomber malade et [de] s'en relever », un « sentiment d'assurance dans la vie qui ne s'assigne de lui-même aucune limite » (NP, 130-134). Mais cette variété laisse toutefois un certain flou. La définition n'est d'ailleurs, de l'aveu de son auteur, qu'« esquissée » (NP, 130). Dans *Le normal et le pathologique* tout au moins, l'objectif de Canguilhem n'était probablement pas tant de fournir une *définition* de la *santé* que d'argumenter sur la normativité intrinsèque de la *vie*. Sa philosophie de la médecine est d'ailleurs indissociable de sa philosophie biologique. Nous verrons que les analyses de C. Boorse et de L. Nordenfelt limitent leurs ambitions à une philosophie de la médecine ou de la santé et maintiennent une indépendance vis-à-vis de la philosophie de la biologie, même s'il y a bien un lien avec cette dernière, en particulier pour Boorse. Toutefois, un déplacement majeur est opéré par Canguilhem qui sera central dans la théorie de Nordenfelt : aux catégories de *quantité* et de *qualité* est substituée celle de la *possibilité* au sens de la *capacité* ou *pouvoir d'action* (disposition) qui situe la définition de la

1. Canguilhem dit préférer cette notion à celle de « comportement » dans certains cas pour mieux faire sentir que la vie est « polarité dynamique » (NP, 137).

santé d'emblée au niveau holiste du vivant individuel[1]. On s'oriente aussi vers une conception plus relationnelle que substantielle ou essentialiste de la santé et de la maladie dans la mesure où la capacité normative de l'individu s'enracine pour Canguilhem dans la relation qu'il a avec son milieu. Mais par ailleurs, la distinction entre le pathologique *(disease)* et la maladie *(illness)* qui tend à être disqualifiée chez Canguilhem, le *patho*logique étant rabattu sur la *mal*adie, se retrouvera au centre des analyses de Boorse comme de Nordenfelt.

Quelques difficultés du concept de normativité biologique

Fondement biologique de la normativité. – Des difficultés adviennent quand il s'agit de préciser la signification du concept de « normativité biologique » en médecine et son fondement dans la théorie de l'évolution. Tout d'abord, les analyses développées en philosophie de la biologie depuis les années 1970 sur la théorie de l'évolution et en particulier, le débat autour des unités de sélection interrogent le fondement biologique de

1. « Ce qui caractérise la santé c'est la *possibilité* de dépasser la norme qui définit le normal momentané, la *possibilité* [nous soulignons] de tolérer des infractions à la norme habituelle et d'instituer des normes nouvelles dans des situations nouvelles » (*NP*, 130). Voir sur ce point Ali Benmakhlouf, « Canguilhem, la capacité normative », dans G. Le Blanc (dir.), *Lectures de Canguilhem, Le normal et le pathologique, op. cit.*, p. 63-83.

l'association entre *sélection naturelle* et *organisme individuel* : cette sélection n'interviendrait pas seulement au niveau de l'organisme mais à de multiples niveaux de l'organisation, faisant notamment place aux gènes comme aux groupes ou populations[1]. Cette association était pourtant décisive pour l'argument en faveur de l'articulation étroite entre *normativité* biologique et *individualité* et la priorité donnée à l'individu et à la relation clinique dans la définition de la maladie. Ensuite, les analyses et définitions de la notion de *fonction*, développées depuis la fin des années 1960 en philosophie de la biologie puis en psychologie et dans les sciences cognitives, ont profondément renouvelé l'analyse de la normativité et du caractère téléologique du vivant, lui redonnant une place dans l'analyse scientifique et objective. L'élaboration d'une *conception systémique* dite *« non normative »* de la fonction a ouvert la possibilité d'un concept fonctionnaliste de la santé. C'est le cœur de la théorie de la santé de Christopher Boorse qui repose sur une théorie de la fonction absente de la physiologie bernardienne. À ce concept non normatif de fonction, nous verrons que s'oppose un *concept étiologique* considéré comme *« normatif »*, dans le sens où la définition de la fonction repose sur l'effet passé de la sélection naturelle, sens qui n'a rien à voir avec le fait d'être imprégné de valeurs sociales.

1. Voir notamment, R. Brandon & R. Burian (ed.), *Genes, Organisms and Populations. Controversies over the Units of Selection*, Cambridge, MA, MIT Press, 1984.

On peut considérer que cette dernière conception de la fonction précise et affine l'intuition de Canguilhem d'un lien entre évolution biologique et normativité. La normativité naturelle est toutefois ici moins exclusivement liée à l'organisme individuel[1].

Individualité de la maladie et statut épistémologique de la médecine. – Nous avons vu que pour Canguilhem la maladie est d'abord et fondamentalement une expérience vécue négativement par un sujet avant de devenir secondairement un « concept empirique » dans la pensée médicale (*NP*, 156). Et ce qui inaugure cette expérience serait un *sentiment* : « Pathologique implique *pathos*, sentiment direct et concret de souffrance et d'impuissance, sentiment de vie contrariée » (*NP*, 85)[2]. Certes, des examens objectifs et le savoir médical sur la maladie sont nécessaires pour préciser sa nature et la traiter (se *sentir* n'est pas se *savoir* malade) : « Tout médecin sait, pour l'avoir appris à sa propre confusion, que la conscience sensible immédiate de la vie

1. Karen Neander qui défend une conception étiologique et normative de la fonction établit un lien avec la réflexion de Canguilhem dans sa thèse. *Abnormal psychobiology*, Unpublished doctoral dissertation, La Trobe University, Bundoora, Australia, 1983. Pour les débats sur la notion de fonction, voir par exemple, David J. Buller (ed.), *Function, Selection and Design*, Albany, State University of New York Press, 1999.

2. Voir aussi : « la vie d'un vivant [...] ne reconnaît les catégories de santé et de maladie que sur le plan de l'expérience, qui est d'abord épreuve au sens affectif du terme, et non sur le plan de la science » (*NP*, 131).

organique n'est pas d'elle-même science de ce même organisme » (NP, 51). Mais les cas de maladies asymptomatiques ou latentes remettent-ils en question ce primat accordé à l'expérience vécue pour toute identification de pathologie ? Pour Canguilhem, le savoir médical peut certes permettre « de savoir malades des gens qui ne se sentent pas tels » (NP, 53), mais cette inversion actuelle de la relation entre *expérience* et *connaissance* est possible car une expérience de la maladie par un autre malade a antérieurement suscité la connaissance du médecin[1]. L'expérience individuelle de la maladie est bien toujours première en droit si ce n'est pas en fait. Tout signe ou résultat diagnostique obtenu par des examens biologiques en laboratoire ne peut être interprété que relativement au comportement du malade pris dans sa totalité (NP, 152). La mesure de la santé et de la maladie n'est pas à chercher du côté du jugement externe du médecin mais du côté de l'individu lui-même[2]. Dans le contexte du milieu du XXe siècle, l'intention de Canguilhem était de redonner toute sa place à la clinique et à la relation au patient face à la croissance d'une biomédecine. Le malade se trouve remis au cœur de la médecine,

1. « Si aujourd'hui la connaissance de la maladie par le médecin peut prévenir l'expérience de la maladie par le malade, c'est parce qu'autrefois la seconde a suscité, a appelé la première » (NP, 53).

2. « En matière de normes biologiques, c'est toujours à l'individu qu'il faut se référer » (NP, 118) ; « C'est toujours la relation à l'individu malade, par l'intermédiaire de la clinique, qui justifie la qualification de pathologique » (NP, 156).

la clinique au fondement de toute pathologie et, la pathologie, au fondement de toute physiologie.

Or, une relativisation aussi forte de la maladie à l'individu et à son expérience singulière est-elle tenable ? La place prise dans la médecine contemporaine par l'objectivation de plus en plus précise des processus physiopathologiques et des diagnostics présymptomatiques à des niveaux infra-organiques n'interroge-t-elle pas la thèse selon laquelle il n'y aurait pas de signes objectifs de la maladie, au sens de signes *indépendants* de tout témoignage présent ou passé venant d'un sujet ? Que dire de ces pathologies identifiées comme telles par la médecine mais qui sont mineures et locales (une petite tumeur ou une forme modérée de cirrhose du foie) et n'ont pas toujours d'effets sur la qualité de vie de la personne ? Peut-on se contenter de la distinction entre *anomalie* et *maladie* pour résoudre cette question (NP, 85) ? Par ailleurs, que Canguilhem entend-il précisément par *expérience vécue* et *sentiment* ? Donne-t-il autant d'importance à ces notions qu'à celle de *capacité* dans sa définition ? Et, l'interprétation individualiste des catégories de santé et de maladie, ou tout au moins son fondement biologique, n'est-elle pas mise en question si, d'une part, l'articulation entre *normativité biologique* et *organisme individuel* n'a pas si clairement le fondement que Canguilhem voulait lui donner dans la théorie darwinienne de la sélection naturelle et, si, d'autre part, le concept d'*individualité* biologique n'est pas si fortement associé au concept d'*organisme* qu'il ne l'envisageait, comme en témoignent les usages de ce concept dans la biologie et la philosophie de la biologie contemporaines à propos de l'espèce mais aussi à de multiples autres niveaux d'organisation[1] ? N'est-il pas, par suite, nécessaire de se demander, à nouveaux frais, si l'extension de l'usage du concept de maladie à d'autres niveaux d'organisation peut être pertinente ?[2] Pour Michel Morange, si le diagnostic porté par Canguilhem sur l'évolution de la médecine scientifique est correct, les thèses qu'il soutient pour le justifier prêtent à interrogations. En particulier, la thèse de Canguilhem qu'il résume dans l'idée qu'« il n'y a pas de maladie sans un sujet qui en porte témoignage » est intenable dans ses conséquences aussi bien pour la biologie que pour la médecine et Canguilhem lui-même ne l'a d'ailleurs pas tenue[3]. Pour la biologie, il est difficile de tenir la conséquence de l'affirmation du primat du pathologique sur le physiologique, c'est-à-dire que toute science du vivant a son origine et son fondement dans l'étude du pathologique. Par ailleurs, Canguilhem a rapidement renoncé à l'idée que la médecine devienne un « art de la vie » en général (NP, 77). Il n'a pas cessé de

1. P. Ludwig et T. Pradeu (dir.), *L'individu : perspectives contemporaines*, Paris, Vrin, 2008.

2. É. Giroux, « N'y a-t-il de santé que de l'individu ? », *in* A. Fagot-Largeault, C. Debru et M. Morange (dir.), *Philosophie et Médecine, Hommage à Georges Canguilhem*, Paris, Vrin, 2008, p. 171-193.

3. M. Morange, « Retour sur le normal et le pathologique », in *ibid.*, p. 155-169.

s'interroger sur les relations entre la vie et la rationalité et sur l'énigme de la possibilité d'un discours rationnel sur la vie et la maladie, et il finira par rapprocher le concept et la vie à partir de l'interprétation informationnelle du vivant rendue possible par la découverte de la structure de l'ADN en 1953 (*NP*, 207-217). Ses propos sur le statut épistémologique de la médecine seront plus nuancés dans ses conférences ultérieures, il donne de l'importance à la scientificité de disciplines comme la bactériologie et l'immunologie, cette dernière étant alors perçue comme ouvrant la perspective d'une science de l'individu. Au vu de ces évolutions, il préférera parler de la médecine comme « science appliquée ou une somme évolutive de sciences appliquées »[1] plutôt que comme « art de la vie ». Et dans un opuscule publié en 1990, il proposera de conceptualiser la santé comme « vérité du corps » et mettra en garde contre les risques d'une opposition – que l'on retrouve dans l'idée de « santé sauvage » et la critique de l'expropriation de la santé par Ivan Illich – entre d'un côté l'expérience vécue et, de l'autre, « la médecine et, au-delà, les sciences dont elle est l'application »[2]. La question est bien alors celle d'une meilleure

1. « Le statut épistémologique de la médecine » (1985) dans *Études d'histoire et de philosophie des sciences concernant la vie*, Paris, Vrin, 1994, p. 423.

2. Si le corps vécu n'est pas réductible à un objet, il convient de tenir compte du fait que « pour l'homme, vivre c'est aussi connaître ». *La santé, concept vulgaire et question philosophique*, art. cit., p. 67-68.

articulation entre *expérience* et *connaissance* dans la conceptualisation de la santé et de la maladie. « La reconnaissance de la santé, comme vérité du corps, au sens ontologique, non seulement peut mais doit admettre la présence, en lisière et comme garde-fou, à proprement parler, de la vérité au sens logique, c'est-à-dire de la science »[1]. Il nous semble qu'apparaît ici l'importance de rouvrir la question de la définition théorique de la santé et de la maladie, ou tout au moins, d'une définition générale qui puisse mieux rendre compte, d'une part, de la possibilité d'un « concept empirique » et objectif et, d'autre part, de l'articulation de ce dernier au « concept axiologique » (NP, 156).

Normativité biologique et normes sociales. – Il est aussi difficile d'appréhender la manière dont normes sociales et normes biologiques s'articulent. Dans l'*Essai*, Canguilhem souligne l'origine vitale de toute normativité consciente et intentionnelle. Et il fait place aux déterminants sociaux de la santé (NP, 99-117), considérant d'ailleurs qu'il n'y a pas de retour possible à « l'innocence biologique ». Dans les « Nouvelles réflexions », il analyse de manière plus approfondie les normes sociales et insiste davantage sur leur différence relativement à la *normativité biologique*. Toutefois, dans ces différentes prises en compte du social, il ne semble pas qu'il soit question d'une

1. *Idem.*

influence sociale ou culturelle directe sur la santé et la maladie. Le jugement de valeur présidant à l'identification du pathologique reste ou doit rester premièrement et fondamentalement celui individuel et vital de la personne malade. Dans le débat anglo-saxon sur les concepts de santé, la *normativité* diffère de celle défendue par Canguilhem en ce qu'elle est avant tout de nature sociale et culturelle[1]. Pour le philosophe et médecin américain Tristram Engelhardt, l'un des principaux représentants du « normativisme », même si des processus biologiques sont bien impliqués, ce sont avant tout les valeurs et intérêts humains, eux-mêmes liés à l'environnement et au développement de la société (le niveau de connaissance scientifique, l'appareil de santé publique, l'industrie pharmaceutique et les possibilités de traitement, etc.) qui décident de la qualification de quelque chose comme d'une maladie. Par ailleurs, pour Engelhardt, l'évolution biologique est un processus aveugle et mécanique qui n'a pas de perspective propre : on ne saurait affirmer ou chercher dans la nature une convergence ou une continuité entre les effets de l'évolution biologique et les buts et intérêts des individus et des

1. Il y a toutefois des exceptions. Le philosophe James Lennox a par exemple proposé une analyse de la dimension axiologique de la santé qui pourrait être rapprochée de celle de Canguilhem. Pour lui, la vie et la santé sont des valeurs mais des « valeurs objectives » et il définit la santé comme une vie non compromise : « Health as an Objective Value », *Journal of Medicine and Philosophy*, 1995, n° 5, p. 409-511.

sociétés humaines[1]. Mais toute la difficulté pour un tel normativisme réside alors dans la possibilité de distinguer parmi les états jugés négativement, ceux qui le sont du point de vue *médical* plutôt que *moral, politique* ou *éducatif* et d'éviter le relativisme. Car on distingue bien, ou tout au moins, il importe de le faire de la manière la moins arbitraire possible, la négativité du pathologique de celle qui s'exprime dans d'autres déviances. Mais, Engelhardt reconnaît que la frontière est floue. Par ailleurs, dans une telle relativisation sociale et culturelle du concept de maladie, on est conduit à renoncer à établir une frontière entre médecine thérapeutique et médecine d'amélioration[2]. Comme nous l'avons souligné dans notre introduction, il nous semble que les théories de Boorse et de Nordenfelt constituent une alternative à ce type de normativisme et à son risque de relativisme, tout en prenant en compte l'influence des normes sociales et culturelles sur nos concepts de santé.

1. « L'évolution ne s'inquiète pas directement du confort et du plaisir des êtres humains ou de leurs buts ». T. H. Engelhardt, *The Foundations of Bioethics*, New York, Oxford University Press, 1996, p. 202.

2. *Ibid.*, p. 222-227.

Christopher Boorse : un naturalisme non réductionniste

Le philosophe américain Christopher Boorse serait le premier à avoir appliqué aux concepts de santé et de maladie la méthode de « l'analyse conceptuelle ». Il s'inscrit dans le courant de la philosophie analytique pour lequel la distinction entre science et non science, fait et valeur, et le travail de clarification du langage et de nos concepts sont au cœur de la démarche philosophique. Il développe sa théorie de la santé dans un long manuscrit qui fut divisé en trois articles publiés successivement en 1975, 1976 et 1977 : « On the Distinction between Disease and Illness » (DI), « What a Theory of Mental Health Should Be » (MH) et « Health as a Theoretical Concept » (HTC). L'article de 1975 critique le « normativisme », celui de 1976 développe sa théorie pour la santé mentale et celui de 1977 pour la santé physique. L'ensemble de la théorie est reprise en 1987, « Concepts of Health » (CH) et en 1997, dans un long article de réponse aux objections qui lui ont été faites, « A Rebuttal on Health » (RH). Les trois articles fondamentaux présupposent un quatrième publié en 1976 qui porte sur la notion de fonction biologique « Wright on Functions » (WF) mais qui ne fait toutefois pas partie intégrante de sa théorie de la santé[1].

1. Voir la bibliographie sélective pour les références complètes. Boorse insiste sur l'indépendance de son analyse de la fonction (philosophie de la biologie) avec celle de la santé (philosophie de la médecine) : voir RH, 101. Deux articles de Boorse traitent de la notion de fonction : WF et RF.

Sa théorie est souvent désignée comme *naturaliste*, mais cette désignation convient-elle ? Premièrement, sa conception de la santé réfère certes à la nature : elle a, nous le verrons, pour but de rendre compte de l'intuition selon laquelle le « normal est le naturel » (HTC, 554). Notons d'emblée que s'il y a des normes dans la *nature*, elles ne sont pas pour Boorse « normatives » comme chez Canguilhem. Mais deuxièmement, le *naturalisme* peut aussi désigner le type de méthode d'enquête utilisée. Or, son analyse conceptuelle est avant tout à visée *descriptive*. Il affirme que son objectif est de décrire les concepts de santé et de maladie tels qu'ils sont utilisés dans la médecine occidentale, et plus précisément, la distinction entre le normal et le pathologique (RH, 7), qui implique fondamentalement à ses yeux un concept négatif de santé comme absence de maladie et un concept *analytique*, c'est-à-dire qui s'applique avant tout aux parties de l'organisme. Le philosophe aurait donc pour rôle de dégager et même, d'*expliquer* la théorie implicite, sous-jacente à cet usage. Mais, il le dit lui-même, parler de *descriptivisme*, tout comme de *naturalisme*, l'affilie à un type de doctrines qui contient plus que ce qu'il entend réaliser avec sa définition (RH, 102). Sa démarche analytique se distingue bien ici de celle de Canguilhem qui est historico-critique ; elle est plus proche de celle qui vise, à la manière de Rudolf Carnap, à rendre compte du langage primaire de la science que de celle qui s'intéresse au langage ordinaire[1]. Il reste troisièmement qu'on peut parler de *naturalisme* en lui donnant simplement un sens opposé à *normativisme* pour caractériser une position selon laquelle santé et maladie sont des concepts scientifiques non normatifs. Or, là encore, nous ne sommes pas assez précis. S'il est vrai que Boorse soutient la possibilité d'une définition de la santé et de la maladie indépendante des jugements de valeur, on ne saurait considérer qu'il nie pour autant la présence de toute *normativité* dans tout concept de santé. En effet, tout d'abord sa définition théorique de la santé intègre bien une certaine forme de normativité puisqu'elle permet de distinguer le dysfonctionnel du non fonctionnel, c'est-à-dire d'affirmer par exemple qu'un cœur continue d'avoir pour fonction de pomper le sang même s'il est défectueux[2]. Boorse

1. Boorse apparaît fidèle à la conception carnapienne du rôle de la philosophie comme entreprise de clarification et d'*explication* du langage. Il s'agit de dégager un concept qui permettra d'expliquer avec précision ce que les scientifiques veulent dire lorsqu'ils parlent ; il peut être pertinent de modifier si nécessaire des confusions ou des erreurs d'usage. Une telle *explication* est satisfaisante seulement si l'accord avec la notion usuelle est jugé suffisant. Voir R. Carnap, *Logical Foundations of Probability*, Chicago, University of Chicago Press, 1950, p. 3-8.

2. Nous verrons que, d'après certains défenseurs d'un *concept normatif* de la fonction, ce sens suffit à parler d'*une normativité* au sens où dire la fonction d'un organe, c'est dire ce qu'il est *censé* faire. Le concept de fonction de Boorse (et donc son concept de santé) est bien *normatif* en ce sens là, que nous dirons *déflationniste*. Toutefois, il le dit *non normatif* au sens où il ne fait pas appel à l'effet sélectif et à l'histoire étiologique comme *le concept normatif*

parle toutefois de normes « non normatives » (DI, 57) ; cette notion un peu surprenante peut se comprendre si elle désigne des normes non axiologiques comme les normes métriques et descriptives. Dès lors, ne serait-il pas plus juste, comme le suggère Mahesh Ananth, de parler à propos de sa théorie de « normativisme descriptif »[1] ? Ensuite et surtout, outre le fait qu'il y a bien des *normes* descriptives dans les *concepts théoriques* de santé et de maladie, nous verrons qu'une place est faite aux *valeurs* sociales et culturelles dans les *concepts pratiques*. Toutefois, nous proposons ici, tout comme pour Canguilhem, de maintenir la caractérisation vague de *naturalisme* même si ces deux naturalismes diffèrent, et nous le spécifions alors comme *non réductionniste* plutôt qu'*antiréductionniste*.

La distinction entre concepts pratiques et théoriques et le domaine de la médecine. – Après examen de leurs différents arguments, Boorse montre que l'erreur des défenseurs du « normativisme » pour lesquels le concept de maladie est intrinsèquement axiologique est de confondre deux concepts distincts (DI) : un *concept théo-*

de la fonction défendu par K. Neander par exemple, où *normatif* a alors un sens *inflationniste*. (voir *infra*, sur la fonction).

1. *In Defense of an Evolutionary Concept of Health*, Ashgate Publishing Company, 2008, p. 39-41. Ananth défend un concept évolutionnaire de la santé fondé sur les concepts biologiques de fonction, d'espèce et d'homéostasie qui prolonge et amende la théorie de Boorse.

rique et un *concept pratique*[1]. Seul le concept pratique est axiologique. Il fait de cette distinction le point de départ de son analyse. Premièrement, cette distinction, en isolant un concept théorique (le pathologique), permet d'éviter que toute définition de la maladie comporte un jugement de valeur négatif (indésirable) ou un jugement social ou thérapeutique (possibilité de traitement). L'enjeu de la clarification des concepts de santé et de maladie est bien aux yeux de Boorse d'éviter le relativisme auquel peuvent conduire certaines formes prises par le normativisme, et les définitions positives de la santé qui tendent à la confondre avec le bonheur et mettent en question la possibilité même d'une distinction entre le normal et le pathologique, mais aussi d'empêcher « l'abus politique de l'usage du vocabulaire médical » (RH, 100). Or c'est en abandonnant la prétention d'embrasser toutes les significations de ces notions et en distinguant deux concepts qu'une définition devient possible. Deuxièmement, cette distinction maintient la pertinence des arguments du normativisme pour le concept pratique de maladie. À la différence de la théorie, la pratique médicale implique et suppose indéniablement des jugements de valeur. Dès lors, loin de refuser la présence de valeurs en médecine, Boorse affirme qu'elles sont essentielles à la clinique.

1. Nous verrons que si le terme anglais *« disease »* correspond bien au concept théorique, ce dernier est mieux désigné par « le pathologique » *(the pathological)*. Si dans DI, le terme *« illness »* correspond au concept pratique, ce n'est plus le cas dans CH.

Il soutient qu'une éthique médicale est indispensable ; la connaissance de la physiopathologie ne suffit pas à faire de bons médecins (RH, 95-98). Nous verrons que comme Claude Bernard, il défend la *priorité logique* de la physiologie sur la clinique, en défendant celle du concept théorique sur le concept pratique de la maladie mais, il ne saurait être accusé de *réduire* la clinique à la physiologie : ce dualisme entre concepts pratique et théorique lui permet d'articuler, sans les réduire l'un à l'autre, le théorique et l'axiologique, le physiologique et le clinique. Le concept pratique n'est pas déductible du concept théorique.

Mais comment cette articulation entre théorie et pratique dans la médecine est-elle pensée pour que la définition théorique et philosophique de la maladie ait un intérêt pratique, donnant un « fondement solide pour empêcher la subversion de la médecine par la rhétorique politique ou une excentricité normative » (RH, 100) et évitant ainsi que des états soient considérés à tort comme pathologiques, tels que, par exemple, la masturbation et la drapétomanie (RH, 72-78) ? Tout concept pratique de *maladie* présuppose le concept théorique du *pathologique*. Dès lors, « l'importance pratique d'une définition claire du pathologique, [...] est que cela isole un domaine dans lequel il y a une très forte présomption de dévalorisation » (RH, 98) et donc, de présence d'une maladie au sens pratique, c'est-à-dire qui renvoie à une valeur négative et requiert un traitement ou un soin. Par ailleurs, même si la maladie est loin d'être le seul objet permettant de définir le domaine de la médecine puisque les médecins font bien d'autres choses que soigner des maladies, une définition de la maladie dans son sens théorique facilitera aussi la distinction au sein de la pratique médicale entre ce qui est central (thérapeutique) et périphérique (non thérapeutique : contraception, circoncision, chirurgie esthétique, avortement, euthanasie). Le périphérique, c'est-à-dire ce qui n'est pas une maladie, ni au sens théorique ni au sens pratique, n'est pas nécessairement illégitime mais est davantage sujet à controverses (RH, 13). Ainsi, l'intérêt d'une définition serait de faciliter une distinction entre d'un côté, ce qui relèverait d'une prise en charge médicale dont la légitimité ne ferait pas question (maladie pratique) et, de l'autre, ce qui relèverait de la médecine d'amélioration ou de promotion de la santé.

Le besoin d'une nouvelle définition. – Mais cette distinction conceptuelle n'a de pertinence que si une *définition théorique* est possible. Si l'on adopte, comme cela semble être le cas de Boorse, une conception essentialiste de la définition, se pose alors le problème de l'identification d'une caractéristique nécessaire et suffisante. Plutôt que de discuter dans le détail chacune des définitions de ses prédécesseurs, Boorse dégage sept idées élémentaires qui reviennent fréquemment, en étant plus ou moins combinées, et montre qu'aucune d'elles ne fournit un critère nécessaire ou suffisant (HTC, 544-550). Nous ne reprenons pas l'ordre suivi par Boorse mais partons des deux caractéristiques susceptibles de rendre possible une définition objective et empirique de la santé. Les cinq dernières peuvent être considérées comme introduisant de la normativité et comme étant présentes dans la conception de Canguilhem.

1/ *La normalité statistique*. Les problèmes posés par cette caractéristique sont la principale cible du « normativisme ». C. Boorse considère qu'elle n'est en effet ni nécessaire (des états rares sont sains : groupe sanguin « B », cheveux roux), ni suffisante (des états fréquents peuvent être pathologiques : athérosclérose, légère inflammation des poumons, caries dentaires) pour définir la santé. Cette notion est toutefois l'un des piliers de sa définition de la santé. Nous verrons si Boorse parvient à résoudre, ou tout au moins atténuer, les difficultés du concept statistique de normalité, déjà soulignées par Cl. Bernard et G. Canguilhem : la prise en compte de la variabilité et de la diversité du vivant, mais aussi la justification de l'identification du normal et du fréquent.

2/ *L'homéostasie*. Plutôt que d'interpréter comme Canguilhem la conception physiologique de Bernard en insistant sur sa dimension expérimentale, Boorse s'intéresse au modèle de la fonction biologique qu'il utilise : la régulation et l'équilibre du milieu intérieur, c'est-à-dire, l'homéostasie dans le vocabulaire qui sera celui de Walter Cannon[1]. Dans cette conception, les processus pathologiques introduiraient une rupture dans l'équilibre homéostatique. De nombreuses variables biologiques comme la température, l'acidité et la composition du sang doivent en effet respecter des limites étroites pour maintenir un état de santé. Mais s'il souligne l'intérêt de ce modèle, Boorse pointe le fait que l'homéostasie ne peut pas constituer un modèle général de la fonction biologique. Il y a de nombreuses fonctions qui, loin

1. *La sagesse du corps*, Paris, Éditions de la Nouvelle Revue Critique, 1946. L'homéostasie désigne la stabilisation des états qui permettent les processus biologiques de la vie. Notons ici que l'interprétation de Cl. Bernard par Boorse se rapproche davantage de celle de Mirko Grmek qui insistait aussi sur une conception de la maladie comme processus et sur l'« hippocratisme » de Bernard, relativisant ainsi la critique qu'en avait faite Canguilhem. Voir « Les notions de maladie et de santé », in *Le legs de Claude Bernard*, Paris, Arthème Fayard, 1997, p. 192-193.

de maintenir l'équilibre, le renversent ou le modifient : la perception, le mouvement, la croissance et la reproduction sont des processus normaux qui ne répondent pas au critère d'homéostasie. Il faudra trouver une définition plus générale de la fonction, car ce modèle est trop restrictif.

3/ *L'adaptation*. La caractérisation de la santé par l'adaptation tend à l'emporter chez les cliniciens, note Boorse. Or il souligne que des pathologies peuvent être avantageuses dans certains environnements, comme la myopie (elle permet d'échapper à l'enrôlement dans l'infanterie) et la vaccine (elle peut sauver quelqu'un de la variole) par exemple, et que, par ailleurs, il existe des capacités comme celle de jouer du violon ou le funambulisme qui améliorent l'adaptation mais dont l'absence ne constitue pas pour autant des pathologies. Surtout, cette conception conduit à un relativisme tel que le jugement de santé ne peut plus être qu'un jugement singulier et ruine ainsi toute possibilité d'un jugement théorique[1].

4/ *La valeur négative*. De ce que la maladie est *souvent* associée à des jugements de valeur négative, on s'est habitué à l'idée que tout concept de maladie est intrinsèquement axiologique. Or Boorse montre que ce lien certes étroit entre pathologie et valeur négative n'est toutefois ni nécessaire ni suffisant. D'une part, dans certaines circonstances des pathologies peuvent être avantageuses comme nous venons de le souligner pour la myopie et la vaccine par exemple et donc être désirées. D'autre part, il y

1. Dans l'*Essai*, Canguilhem n'analyse pas le concept d'adaptation pour préciser son concept de normativité. Dans les « Nouvelles réflexions », il propose cette distinction entre une « forme d'adaptation qui est spécialisation » et une « forme d'adaptation qui est indépendance à l'égard des contraintes d'un milieu stable et par conséquent pouvoir de surmonter les difficultés de vivre résultant d'une altération du milieu ». C'est de cette deuxième forme, qu'on peut désigner par « adaptabilité », que se rapproche le plus son concept de normativité (*NP*, 197).

a des états indésirables (par exemple, être légèrement en dessous de la moyenne pour n'importe quelle qualité physique comme la taille, la force, l'endurance, la coordination, etc.) qui ne sont pas considérés comme des pathologies.

5/ *La traitement par la médecine.* Cet élément ajouté au précédent pourrait permettre de mieux caractériser la maladie : il faudrait que l'état désigné soit dévalorisé mais aussi susceptible d'être traité par les médecins. C'est d'ailleurs pour cette dernière caractéristique qu'il est pertinent de parler de *normativité* d'un concept qui appelle à l'action. Tristram Engelhardt défend une telle conception. Pour lui, est pathologique tout état qu'une société juge *devoir* faire l'objet d'une prise en charge clinique. D'ailleurs, il propose de remplacer le terme de maladie par celui de « problèmes cliniques »[1]. Cette conception de la maladie, qui relève pour Boorse d'une forme de « positivisme médical » (HTC, 545) en identifiant objets de la clinique et maladie, serait la plus courante, en particulier dans le champ de la santé mentale. Or, d'une part, certains états qui ne sont pas encore susceptibles de traitement sont pourtant identifiés comme étant pathologiques. D'autre part, les médecins prennent en charge des états qui ne sont pas considérés comme des maladies : Boorse donne les exemples de la circoncision, de l'avortement, de la chirurgie esthétique ou de la prescription de contraceptifs.

6/ *La douleur, la souffrance, le sentiment de gêne.* Pour Boorse, si l'on retient ces caractéristiques subjectives comme critères nécessaires, il est alors difficile de rendre compte des stades asymptomatiques de maladies (la tuberculose, le diabète, la cirrhose, le cancer du sein, diverses formes de maladies cardiaques, la syphilis, etc.). Par ailleurs, l'expérience subjective n'est pas non plus un critère suffisant : de la douleur peut être associée à des situations qui ne sont pourtant pas

1. « Clinical Problems and the Concept of Disease », *in* L. Nordenfelt and B. I. B. Lindahl (ed.), *Health, Disease and Causal Explanations in Medicine,* D. Reidel Publishing Company, Dordrecht, 1984, p. 27-41.

habituellement considérées comme pathologiques (les menstruations, l'accouchement, la croissance des dents, etc.).

7/ *L'incapacité.* Cette caractéristique pourrait être plus pertinente que la précédente, étant en effet suffisamment large pour englober les cas de maladies silencieuses. Mais Boorse considère que ce concept rencontre des difficultés pour inclure des maladies mineures comme par exemple l'eczéma ou les verrues et pour distinguer les cas d'incapacité *(disability)* comme la myopie et l'albinisme des cas d'inaptitude *(inability)* comme nager, voler ou voir dans le noir. Il faut aussi pouvoir faire la différence entre les adultes et les enfants puisque pour les premiers seulement, l'incapacité de marcher est pathologique. Boorse note que si cette définition remplissait tous ces prérequis, elle serait assez proche de celle qu'il défend. Nous verrons que c'est l'option théorique de Lennart Nordenfelt.

Le fonctionnement normal. – Ainsi, aucune de ces sept idées élémentaires ne permet de définir la maladie en identifiant une caractéristique nécessaire et suffisante, mais chacune aurait un lien avec la notion de « fonctionnement normal entendu comme le *modus operandi* typique de la machinerie physiologique interne d'une espèce » (HTC, 550). La théorie de la santé de Boorse repose sur l'articulation d'un concept non normatif de *fonction biologique* et d'un concept *statistique* de normalité. Pour caractériser le contenu de sa théorie, certains parlent de « théorie fonctionnaliste », mais il préfère l'appellation de « Théorie biostatistique » (TBS) proposée par Lennart Nordenfelt, car elle permet de bien souligner que son analyse repose sur les deux concepts de *fonction biologique* et de *normalité statistique* (RH, 4). Il souligne que le concept téléologique de fonction a longtemps été considéré avec suspicion par la science du fait de son lien avec la biologie aristotélicienne et de sa charge d'intentionnalité et de normativité. Or, « un travail philosophique récent [… suggère qu'] on peut trouver un "substitut aseptique" pour des notions anciennes qui continuent d'avoir un usage scientifique » (HTC, 554). En étant associée à un concept de fonction biologique, la normalité statistique définirait adéquatement la normalité médicale : « on doit ajouter le concept de fonction au concept de normalité statistique pour obtenir la normalité médicale, ainsi, les deux sortes de normalité diffèrent » (RH, 18). Nous verrons que, articulé à la notion de dysfonctionnement, le contraire logique de la normalité qui sert à définir le pathologique n'est pas l'*anormalité* mais la *subnormalité* statistique et les difficultés du concept statistique de normalité précédemment évoquées seraient atténuées.

Lennart Nordenfelt : un normativisme modéré

La théorie de la santé du philosophe suédois Lennart Nordenfelt présentée dans l'ouvrage *On the Nature of Health (NH),* publié en 1987 et réédité en 1995[1], constitue une synthèse originale des apports de l'analyse

1. Nous nous appuyons principalement sur l'édition de 1995. Il a depuis publié d'autres ouvrages précisant tel ou tel aspect de sa définition et un grand nombre d'articles. Voir la bibliographie sélective.

conceptuelle anglo-saxonne et des thèses de G. Canguilhem. L. Nordenfelt explique qu'il a commencé par lire C. Boorse et être séduit par son approche, puis, qu'à sa lecture de G. Canguilhem, il a été finalement convaincu par la plus grande pertinence de « l'analyse normative » des concepts de santé et de maladie. Ayant précédemment mené des recherches sur l'explication des actions humaines, c'est à partir de son enracinement dans une philosophie analytique de l'action qu'il réalise cette synthèse[1] et qu'il approfondit l'esquisse de la définition de la santé de Canguilhem comme *possibilité* ou *capacité*. Sa théorie de la santé, admettant des composants descriptifs et normatifs, est conventionnellement classée entre naturalisme et normativisme, comme relevant d'une version modérée du normativisme. Mais Nordenfelt préfère la caractériser comme « *holistique* »par opposition à la perspective *analytique* de la théorie de Boorse, et la désigne comme une théorie de la santé fondée sur la notion de bien-être *(welfare theory of health)* (NH, 11-14).

Nature du projet conceptuel : version modérée du nominalisme et monisme. – Nordenfelt partage avec Boorse

1. L. Nordenfelt, « Philosophy of Medicine, 5 questions », Manuscrit remis par l'auteur. Son objectif est de « combiner les idées centrales de la philosophie moderne de la médecine avec certains résultats de la théorie analytique de l'action » (NH, xi). La philosophie de la médecine des pays nordiques s'est plus particulièrement trouvée au point d'articulation entre courants philosophiques nord-américain et style continental.

l'ambition d'élaborer une théorie de santé qui vaille de manière univoque pour le mental et le physique et pour tous les êtres vivants d'une part, et qui fasse place à un concept scientifique, d'autre part (*NH*, 4-5). Définir un concept général permettrait d'éviter un trop grand relativisme et d'apporter des clarifications utiles à la pratique médicale et aux institutions de santé, devenues si importantes dans nos sociétés contemporaines. Toutefois, Nordenfelt se distingue de Boorse sur un certain nombre de choix méthodologiques et il propose une réflexion plus approfondie sur la nature de l'analyse conceptuelle et sa pertinence pour les concepts de santé[1]. Premièrement, il précise le statut de la définition qu'il entend proposer. Dans la conception traditionnelle ou aristotélicienne, définir c'est dire l'essence ou la nature de la chose définie. À cette conception *essentialiste* ou *réaliste* s'est opposée une conception *nominaliste* qui nie la possibilité pour les concepts généraux de référer à des entités réelles. Or la distinction entre signification et référence, analysée au XXe siècle par les travaux en linguistique, permet de séparer les implications *sémantique* (essence nominale) et *ontologique*

1. L'article de Germund Hesslow publié en 1993 (« Do we Need a Concept of Disease? », *Theoretical Medicine*, 1993, n° 14, p. 1-14) questionnant la pertinence de l'application de l'analyse conceptuelle à la notion de maladie a été à l'origine d'un débat et d'une réflexion approfondie sur la pertinence de l'analyse philosophique de ces concepts. Voir la réponse de Nordenfelt : « On the Relevance and Importance of the Notion of Disease », *Theoretical Medicine*, 1993, n° 14, p. 15-26.

(essence réelle) de la définition. Il est alors possible de limiter le rôle de la définition à l'essence nominale : c'est la version modérée du nominalisme qu'adopte Nordenfelt pour la notion de santé[1]. Boorse, de son côté, semble inscrire sa définition dans un courant de *réalisme sémantique* (HTC, 552). Dans la version forte du nominalisme, Tristram Engelhardt par exemple, il n'y a pas plus d'unité de signification (essence nominale) que d'essence réelle pour le concept[2]. Deuxièmement, l'approche de Nordenfelt laisse clairement place à une définition par stipulation : son objectif n'est pas seulement descriptif ou lexicographique « mais aussi de reconstruction logique : affiner les frontières du concept de santé » (*NH*, 11). Le projet de Boorse est annoncé comme descriptif mais nous verrons qu'il oscille entre

1. Ne nous méprenons donc pas sur le sens de « nature » dans le titre de l'ouvrage de Nordenfelt : il s'agit de désigner une unité de signification et non une unité réelle de l'entité « santé ». Sur tout cela, voir aussi L. Reznek, *The Nature of Disease*, London, Routledge & Kegan Paul, 1987.

2. Engelhardt considère que le concept de maladie, trop hétérogène, ne renvoie probablement ni à un type naturel ni à une structure conceptuelle commune. « The Concepts of Health and Disease », *in* H. T. Engelhardt and S. F. Spicker (ed.), *Philosophy and Medicine, Evaluation an Explanation in the Biomedical Sciences*, Dordrecht, Reidel Publishing Company, 1975, p. 32. L'analyse conceptuelle a par suite moins pour rôle d'établir une définition qui permettrait de discriminer entre le normal et le pathologique que de mettre à jour les diverses valeurs ou formes de langages (il en distingue quatre : axiologique, explicative, descriptive et sociale) impliquées dans nos notions de santé et de maladie. *The Foundations of Bioethics*, *op. cit.*, p. 196-218.

description du concept utilisé par la pathologie et modifications si nécessaire pour les besoins de la théorie. Une troisième grande différence avec Boorse concerne l'extension du concept que Nordenfelt entend définir. L'ambition de sa définition est de rendre compte d'un sens fondamental qui englobe l'ensemble des usages de la notion de santé : malgré la multiplicité des termes, des définitions et même des théories empiriques de la santé à travers l'histoire, les langues et les cultures, il y aurait un ensemble d'usages du terme très étroitement liés, un noyau conceptuel fondamental et général et « ce sens fondamental […] doit être trouvé à la fois dans le langage exclusivement médical et dans le langage ordinaire » (NH, xii-xiii). On peut parler d'une forme de *monisme*. Mais alors le sens général d'un seul concept dont l'extension est si vaste est plus problématique à établir. Cette structure conceptuelle commune et univoque pour la notion de santé serait compatible avec une multiplicité de concepts plus spécifiques, culturels, techniques et scientifiques qui s'articulent sur ce concept fondamental[1].

Holisme et priorité d'un concept positif de santé. – Le choix d'englober l'usage ordinaire et d'adopter un monisme

1. Nordenfelt se réfère à la métaphore de l'air de famille proposée par L. Wittgenstein pour souligner l'existence d'une multiplicité des usages de nos concepts naturels et préciser la nature de leur relation mais il s'en distingue en maintenant la possibilité d'une définition à partir d'un noyau commun de signification (NH, 9). Voir aussi AAH, 107-109.

conceptuel a trois grandes implications. Premièrement, comme chez Canguilhem, le noyau conceptuel n'est pas trouvé du côté de la théorie médicale mais de *l'usage ordinaire ou « vulgaire »* qui est considéré comme *holiste*, c'est-à-dire que les concepts de santé et de maladie valent d'abord pour l'individu considéré comme une totalité. Dans une telle perspective, le critère essentiel de la santé est cherché du côté de la sociologie et de la psychologie plutôt que de la physiologie. Son point de départ est l'idée courante selon laquelle « une personne est en bonne santé si elle se sent bien et peut fonctionner dans son contexte social » (*NH*, 35). Notons que les perspectives *holistique* et *analytique* ne sont pas exclusives pour Nordenfelt. Bien au contraire, une théorie de la santé doit rendre compte de chacune d'elles, ainsi que de leur relation. Mais pour que cela soit possible, une priorité logique doit être donnée à la perspective holistique sur la perspective analytique. C'est ce qui a été désigné par la « théorie inverse ». Deuxièmement, ce noyau conceptuel est trouvé dans la notion de *santé* qui a une priorité logique sur celle de *maladie* : Nordenfelt soutient qu'il est logiquement impossible de définir la maladie sans référence à la santé, car pour parler de maladie, il est nécessaire de se référer à ce qui affecte la *santé*[1]. Il justifie aussi cette priorité de la notion de santé par l'importance qu'elle a prise dans notre médecine contemporaine : un mouvement général, au niveau de la santé publique comme de la médecine clinique, conduit à recommander la prévention des *maladies* mais aussi et surtout, la promotion de la *santé* (NH, 3). Au niveau de la relation clinique, la consultation n'a plus seulement sa raison d'être dans la plainte du malade liée à la présence d'une gêne ou de symptômes : nombreuses sont les visites de routine pour maintenir la bonne santé et prévenir les risques de maladie. Au niveau institutionnel, ce concept tend aussi à l'emporter sur celui de maladie : les recherches menées par l'OMS pour définir la santé et le handicap et classer les maladies à partir de la notion de santé en témoignent. Troisièmement, ce concept fondamental de santé est un *concept positif* au sens où il n'est pas la simple « absence de maladie ». L'OMS, qui privilégie la notion de santé sur celle de

1. Dans cette priorité donnée à la notion de santé sur celle de maladie, Nordenfelt prolonge ici la démarche de la philosophe américaine Caroline Whitbeck qui avait montré l'importance de chercher à définir la *santé* indépendamment du concept de *maladie*, et qui avait souligné leur différence en distinguant pour l'un et l'autre deux manières de contenir des valeurs : un *sens fort* consistant à qualifier une chose comme bonne ou mauvaise, belle ou laide, etc. qui est le sens qui convient pour la santé et un *sens intermédiaire* qui est celui de la « capabilité » *(capability sense)*, c'est-à-dire qu'on a intérêt à être capable d'agir sur le genre de choses auxquelles on attribue ce type de valeurs : c'est le cas de la maladie et c'est en réalité ce qui se rapproche le plus du sens précis de « normatif » (prescriptif). « A Theory of Health », *in* A. Caplan and H. T. Engelhardt (ed.), *Concepts of Health and Disease*, *op. cit.*, p. 611-626.

maladie dans son titre, retient et établit un sens positif de la santé à partir de la notion de bien-être, mais elle tend alors à les identifier. Nordenfelt prend acte de cette dimension positive tout en cherchant à élaborer un concept qui permette de préciser les frontières entre *santé* et *bien-être.* Mais son analyse se confronte alors aux difficultés de la définition du bien-être ou bonheur. Par ailleurs, la médecine étant loin d'être la seule à promouvoir et à s'intéresser à la santé, la priorité donnée à un concept positif de santé a aussi pour conséquence que la portée de sa théorie dépasse les frontières de la *philosophie de la médecine* pour s'inscrire plus largement dans une *philosophie de la santé* qui est elle-même une branche de la *philosophie de l'action* (*NH*, 1-4).

La capacité (ability). – Pour Nordenfelt, la caractéristique la plus générale et la plus pertinente pour définir la santé n'est pas le *fonctionnement biologique normal*, qui restreint trop la vie humaine à la survie et à la reproduction, mais la *capacité (ability).* En plus de l'influence de Canguilhem, précédemment évoquée, Nordenfelt prolonge les pistes ouvertes par la philosophe américaine Caroline Whitbeck et surtout le Finlandais, Ingmar Pörn. Ces derniers, s'inspirant de la définition de la santé « comme l'état de *capacité* [*capacity*] optimale d'un individu dans la performance effective des rôles et des tâches pour lesquelles il a été socialisé » introduite par l'américain Talcott Parsons, l'un des principaux fondateurs de la sociologie de la médecine dans les années 1950, avaient développé une analyse de la santé qui donne toute son importance au sujet comme *agent*[1]. Mais Nordenfelt choisit plus clairement de définir la santé à partir d'une *théorie analytique de l'action* et de donner la priorité à la notion de *capacité (ability)*[2]. Il note que dans les définitions holistes comme celles de Parsons ou de Canguilhem, la notion d'*expérience* ou de *sentiment* et celle de *capacité* sont également présentes (NH, 35). Il admet qu'il y a bien un lien étroit, en particulier pour le concept de maladie, entre *incapacité (disability)* et *souffrance*. Ce lien est d'ailleurs à la fois de nature *empirique ou causal* – l'affect (la souffrance ou la douleur, par exemple) peut engendrer une modification dans la capacité, et inversement, la perception d'un

1. T. Parsons, « Definitions of Health and Illness in the Light of American Values and Social Structure », *in* E. G. Jaco (ed.), *Patients, Physicians and Illness*, The Free Press, New York, 1972, p. 117; *The Social System*, New York, Free Press, 1951. Ni C. Whitbeck ni I. Pörn ne citent G. Canguilhem mais Parsons. C. Whitbeck, « Four Basic Concepts of Medical Science », PSA, 1978, n° 1, p. 210-222 et « A Theory of Health », art. cit. ; I. Pörn, « An Equilibrium Model of Health », *in* L. Nordenfelt, B.I.B. Lindhal (ed.), *Health, Disease and Causal Explanations in Medicine*, Dordrecht, Reidel, 1984, p. 3-9.

2. Nordenfelt choisit le terme *« ability »* plutôt que *« capacity »* qui est pourtant le terme retenu dans la traduction de Canguilhem en anglais et présent dans la définition de Parsons. Aussi une traduction d'*« ability »* par « aptitude » pourrait-elle se justifier. Toutefois, nous faisons l'option de traduire par « capacité » car cela nous permet de conserver la symétrie du couple *« ability/disability »*, notions opposées dans la pensée de Nordenfelt, dans le couple « capacité/incapacité ». En effet, « inaptitude » ne convient pas pour *« disability »*. Par ailleurs, un tel choix nous permet de privilégier ici la cohérence puisque nous traduisons aussi *« functional ability »* dans la théorie de Boorse par « capacité fonctionnelle ».

sujet de son niveau de capacité peut influencer son état affectif ou émotionnel – et de nature *conceptuelle* : dire de quelqu'un qu'il est « souffrant » peut par exemple déjà signifier qu'il est atteint dans sa capacité d'action. Toutefois, une fois distinguées, il apparaît que ces deux caractéristiques ne sont pas aussi essentielles l'une que l'autre. Toute souffrance entraîne une incapacité, mais l'inverse n'est pas vrai : il peut y avoir incapacité sans souffrance. Il y a en effet de nombreux cas de maladies dans lesquels la souffrance et la douleur sont absentes comme dans le cas du coma ou de certaines maladies mentales. Ce qui relève de la capacité est donc plus fondamental et plus universel que le *sentiment*. Non seulement cette caractéristique est plus universelle, mais elle est aussi plus facilement objectivable, ou tout au moins mesurable : la capacité peut, dans certains cas, être mesurée objectivement et évaluée à partir d'une échelle ordinale. Nordenfelt souligne qu'en donnant la priorité à cette caractéristique, il ne néglige pas pour autant l'importance de l'expérience subjective dans la description de la maladie : « une description adéquate d'une maladie spécifique doit souvent inclure une description de la souffrance qu'elle entraîne » (*NH*, 35-37). Mais il convient de distinguer la *définition* et la *description*. Puisque son objectif est d'élaborer une définition générale du concept santé, la notion de capacité est la plus adéquate. Ce choix permettrait d'éviter, ou tout au moins de contourner, certaines difficultés évoquées précédemment à propos de la forte relativisation de la définition de Canguilhem à l'expérience vécue du sujet.

La théorie biostatistique de Christopher Boorse

Christopher Boorse résume ainsi la visée de sa théorie biostatistique (TBS) de la santé : « Je soutiens que la santé au sens théorique est l'absence de maladie *(disease)*, la maladie n'est pas autre chose que le fonctionnement biologique d'une partie de l'organisme statistiquement subnormal pour l'espèce ; donc la classification des états humains comme sains ou pathologiques est une question objective, que l'on doit résoudre à partir des faits biologiques de la nature sans qu'il soit nécessaire de recourir à des jugements de valeur. » (RH, 4) Son but est de rendre compte de cette conviction qui serait au fondement de la médecine occidentale : la distinction entre le normal et le pathologique n'est pas inventée ; elle est factuelle et objective. Deux principes sous-tendraient cette conception. Premièrement, les concepts théoriques de santé et de maladie, ou plus précisément, de normal et de pathologique, sont dans une relation logique contraire et même contradictoire. Seul le maintien d'une définition négative de la santé (la santé est l'absence de maladie), dont nous verrons qu'elle n'exclut pas la possibilité d'une définition positive, permettrait d'éviter l'illimitation à laquelle conduit la définition positive de la santé de l'OMS. Deuxièmement, il y a cette intuition selon laquelle « le normal est le naturel » et la maladie est contre nature, ce que Boorse reformule dans les termes suivants : « la santé est la conformité au *design*[1] d'une espèce », le « *design* de l'espèce » étant défini comme l'organisation fonctionnelle interne typique des membres d'une espèce (RH, 7). Avant de présenter le contenu proprement dit de sa définition, nous précisons, davantage que dans l'introduction, la manière dont il distingue et articule concepts théoriques et concepts pratiques, délimitant ainsi l'extension du concept théorique qu'il définit.

Concepts théoriques et pratiques : une approche multiniveaux des concepts de santé

Définir le pathologique (disease). – Nous l'avons précédemment souligné, sa définition n'a pas pour prétention de rendre compte de tous les usages (clinique, social ou encore légal) des termes de maladie et de santé, une prétention jugée illusoire et aberrante (RH, 42). Son objectif n'est pas de définir le concept pratique des cliniciens mais le concept théorique, à partir d'une

1. La traduction du terme « *design* » soulève trop de difficultés dans ce contexte précis de l'usage qu'en fait Boorse. Nous n'avons pas trouvé d'équivalent suffisamment pertinent en langue française.

description de ce que les pathologistes appellent maladie (HTC, 550), c'est-à-dire le *pathologique*[1]. Ceci a plusieurs implications. Tout d'abord, en se situant à ce niveau général de la distinction entre le normal et le pathologique, Boorse laisse de côté la question de la classification des maladies individuelles et de leurs définitions (HTC, 550 ; RH, 64). Ensuite, ce concept théorique est très large, si large qu'il ne correspond pas à l'usage ordinaire : il inclut « les blessures (un bras cassé, une morsure de chien), les intoxications, les traumatismes environnementaux (coups de soleil), les troubles de croissance, les déficiences fonctionnelles (surdité) » (RH, 6). Ce concept large et générique serait le seul qui puisse correspondre à une essence nominale ou réelle (RH, 43-44). Puis, ce concept s'applique d'abord aux parties de l'organisme : « Le terme s'applique en premier lieu aux parties ou processus plutôt qu'aux organismes pris globalement ; bien que la fonction du foie, la structure du rein ou la perception des couleurs puissent être pathologiques, on ne parle pas de gens pathologiques » (CH, 365). Par suite, il peut y avoir des parties de l'organisme qui sont pathologiques sans pour autant que l'individu ne soit

1. Dans son article de 1987, pour plus de précision, Boorse propose de remplacer les termes de *santé* et de *maladie* par ceux de *normal* et de *pathologique*. Boorse préfère *pathologique* à *pathologie* car le premier est plus large : *pathologie* désigne les lésions concrètes des tissus et des fluides et *pathologique* inclut les troubles fonctionnels dont on ne connaît pas nécessairement la pathologie. Voir CH, 387 (note 14).

malade. Surtout, il y a probablement en tout individu, la présence d'une petite pathologie, ne serait-ce qu'au niveau de certaines cellules. C'est une implication qui a été reprochée à la TBS. Or ce n'est pas un problème pour Boorse qui considère que l'on peut bien avoir une *pathologie* sans pour autant se sentir et se dire *malade*, ce qui implique un concept différent et plus restreint, un concept clinique ou pratique : « Désigner un état comme pathologique n'implique rien sur son importance. Penser autrement, c'est confondre normalités clinique et théorique » (RH, 51). C'est même un des points d'achoppement des conceptions normatives de la maladie qui, partant des effets cliniques au niveau de l'individu ne peuvent pas rendre compte du fait que des états sans effets sur la qualité de vie de l'individu comme une petite tumeur interne et bénigne ou une cirrhose légère du foie sont bien pathologiques pour la médecine (CH, 368).

Définition de la maladie (illness). – Il y a une priorité logique du concept théorique de pathologique sur les concepts pratiques. C'est sur ce concept théorique que se greffent des valeurs qui donnent naissance aux concepts pratiques (clinique et social) de la maladie. Dans l'article de 1975 (DI), la distinction entre concepts pratique et théorique correspond à celle entre les termes anglais *illness* et *disease*. La différence est alors appréhendée comme une différence de sévérité. La « maladie pratique » *(illness)* est définie comme un certain type de pathologie *(disease)* suffisamment grave ou sérieuse pour provoquer souffrance et douleur chez celui qui en est porteur et nécessiter une prise en charge médicale : « Une pathologie *(disease)* est une maladie [pratique] *(illness)* seulement si elle est suffisamment grave pour être incapacitante et donc pour être : (i) indésirable pour celui qui est affecté ; (ii) une qualification pour un traitement particulier ; et (iii) une excuse valide pour un comportement normalement critiquable » (DI, 61). Mais bien que ce recoupement de la distinction conceptuelle et terminologique simplifiât la question et qu'il eût un impact fort et durable dans les discussions qui suivirent, il n'a pas correspondu longtemps à la pensée de Boorse. En effet, dans l'article de 1987 (CH, 387), il préfère finalement caractériser *« illness »* comme un terme dépourvu de valeur. La différence avec *« disease »* n'est pas de sévérité car habituellement, quand on est malade (*ill* ou *sick*), on est moins gêné dans l'activité normale que si l'on est aveugle ou paraplégique. « Or la cécité et la paraplégie ne sont pas des maladies *(illnesses)* alors qu'un léger rhume en est une ». *« Illness »* désigne alors certaines pathologies qui ont la particularité d'être *systémiques* : « la pathologie qui, en un certain sens, a pour effet de frapper d'incapacité l'ensemble de l'organisme, comme les pathologies infectieuses [...] et la perturbation du système homéostatique » (RH, 12). Or, pour Boorse, le terme « systémique », bien que vague, est physiologique et pathologique et n'est donc pas axiologique. Il y a des valeurs si le degré de perturbation globale de l'ensemble de l'organisme requiert des choix et décisions qui font appel à des jugements de valeur. Dès lors, la précédente définition du concept pratique de maladie ne correspond plus au terme d'*« illness »* mais plutôt à celui de *« sick role »*[1].

Une approche multiniveaux. – Ce changement de définition ne remet aucunement en question la distinction fondamentale pour la TBS entre concepts théoriques et pratiques. Dans l'article de 1987 (CH), cette distinction, moins binaire, s'enrichit d'une approche qui déploie plusieurs niveaux de description et dans laquelle le concept théorique du pathologique est restreint quand se greffent sur lui des valeurs et des normes, qu'elles soient de nature diagnostique ou thérapeutique. Six niveaux de santé sont alors distingués : vie/mort, le niveau systémique *(ill/well)*, thérapeutique, diagnostique, théorique, puis optimal (voir fig. 1). Sur un plan clinique, deux concepts pratiques d'anormalité peuvent s'ajouter au niveau de base de l'anormalité théorique : *l'anormalité diagnostique* et l'*anormalité thérapeutique*. L'*anormalité diagnostique* désigne un état pathologique rendu apparent en clinique. Ce niveau de description est normatif car le jugement clinique sur lequel repose la décision, et le choix du

1. Il propose d'ailleurs, de remplacer le titre de l'article de 1975 (DI) « On the distinction between disease and illness » par « On the distinction between the pathological and the sick role ».

type de test diagnostique qu'il convient d'effectuer reposent sur des calculs et des évaluations (calculs de risque et évaluation des rapports entre les coûts et les bénéfices de l'effectuation du test). L'*anormalité thérapeutique* désigne une anormalité diagnostiquée dont on juge qu'elle requiert un traitement et pour laquelle un traitement est possible. Or de tels jugements impliquent aussi des valeurs. À chacun de ces niveaux, dans une lecture horizontale du schéma, il y a une stricte dichotomie entre le normal et l'anormal, l'un étant défini par l'absence de l'autre ; mais pour une même situation, dans une lecture verticale, normalité et anormalité, à différents niveaux de description, peuvent être présentes simultanément.

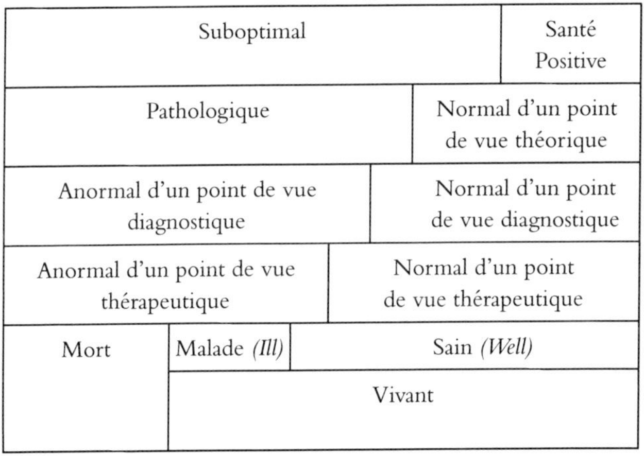

Figure 1 : Les niveaux de santé (reproduit à partir de C. Boorse (CH, 365) et avec son aimable autorisation.)

Ce cadre multiniveaux permet d'apporter un certain nombre de clarifications et de résoudre des difficultés conceptuelles et terminologiques. Tout d'abord, il permet de rendre compte des cas où l'on peut être anormal d'un point de vue *théorique* tout en étant normal d'un point de vue *diagnostique* : c'est ce qui arrive quand il y a présence de pathologie non diagnostiquée (une cirrhose modérée du foie, de petits kystes pancréatiques, des arythmies cardiaques transitoires ou encore une athérosclérose précoce par exemple). Ensuite, on peut très bien avoir des anormalités qui ont été diagnostiquées sans pour autant qu'elles nécessitent un traitement comme dans le cas de tumeurs bénignes ou de petites lésions de la peau. Dès lors, ces conditions sont considérées comme normales d'un point de vue *thérapeutique* bien qu'elles soient anormales sur le plan *diagnostique*. L'anormalité thérapeutique désigne donc une part encore plus restreinte du pathologique que l'anormalité diagnostique. Pour finir, des états ou processus pathologiques n'ont pas toujours pour effet d'entraîner des incapacités qui touchent l'ensemble de l'organisme : la myopie ou les polypes intestinaux par exemple. « *Malade (ill)* » est donc une sous-catégorie encore plus restreinte des anormalités thérapeutiques. À l'autre extrémité, au-delà de la dichotomie entre le niveau théorique du normal et du pathologique, il y place pour une catégorie d'état *suboptimal* plus large encore que celle théorique du *pathologique,* ce qui permet de faire place à un concept de *santé positive* compatible avec le maintien d'une conception strictement dichotomique du normal et du pathologique. Mais la *santé positive* est l'opposé du *suboptimal* et non pas du *pathologique*. Dès l'article de 1977, Boorse avait développé un concept de santé positive à partir de la distinction entre « santé instrumentale » et « santé intrinsèque » (HTC, 553-554). La santé intrinsèque est la santé théorique ou négative (absence d'état pathologique). La santé instrumentale ou santé positive désigne une plus grande résistance aux traits ou aux expositions qui peuvent renforcer la probabilité d'apparition d'une pathologie, elle est « ce qui tend à prévenir la pathologie » (RH, 60). Les mutations qui peuvent conduire à une amélioration fonctionnelle sur le long terme relèvent par exemple de cette catégorie et les facteurs de risque trouvent une place dans la catégorie du *suboptimal*.

Ainsi, entre concepts théoriques et pratiques, c'est-à-dire entre pathologie et clinique, il n'est pas question de réduction mais d'articulation. Boorse ne prétend pas réduire la clinique à la pathologie ou à la biologie. La pratique clinique n'est pas non plus déductible de la théorie physiologique ; elle ne saurait en être une simple application. Il faut ajouter des valeurs. Il reste toutefois qu'il affirme le caractère plus fondamental du concept théorique de pathologique par rapport aux concepts pratiques. Il n'y a pas de maladie au sens pratique qui ne soit pas d'abord une pathologie. Les contours de ce que Boorse cherche à définir sont désormais établis. Il reste à expliciter le contenu théorique proprement dit de ce concept. En effet, la validité et la pertinence de cette distinction entre différents concepts dépendent de la possibilité d'élaborer une définition du concept théorique de base indépendamment de toute référence à des valeurs pratique et clinique.

La définition biostatistique de la santé

La définition des concepts *théoriques* de santé tient en quatre énoncés fondamentaux (RH, 7-8) :

> « (1) La *classe de référence* est une classe naturelle d'organismes ayant un *design* fonctionnel uniforme ; particulièrement, un groupe de même âge et de même sexe à l'intérieur d'une espèce.
> (2) Une *fonction normale* d'une partie ou d'un processus, pour les membres de la classe de référence, est sa contribution statistiquement typique à la survie et à la reproduction individuelles.
> (3) Un état pathologique *(disease)* est un type d'état interne qui est soit une diminution d'une capacité *(ability)* fonctionnelle normale, c'est-à-dire une réduction d'une ou de plusieurs capacités fonctionnelles au-dessous du niveau d'efficacité typique, soit une limitation d'une capacité fonctionnelle causée par des agents environnementaux.
> (4) La *santé* est l'absence d'état pathologique. »[1]

1. Nous faisons ici le choix de traduire « *disease* » par « état pathologique » et donc de manière plus précise que l'anglais lui-même car, bien que la distinction entre « *disease* » et « *illness* » ne

Nous l'avons déjà souligné, l'originalité du concept biostatistique de Boorse est d'articuler physiologie et statistique, un concept non normatif de *fonction biologique* et un concept de *normalité statistique*. Nous commençons par présenter le concept de fonction biologique avant d'analyser et préciser la manière dont il est articulé à celui de normalité statistique dans la *classe de référence* et dans la *fonction normale*. Pour ces deux composantes, la normalité statistique joue un rôle central mais toutefois distinct.

Fonction biologique. – Avant de présenter la définition de Boorse, il est utile de dire quelques mots du contexte des débats sur cette notion.

1/ Le finalisme suspect de la notion de fonction. Elle a longtemps été considérée avec une grande réticence à cause de sa dimension finaliste et normative. À première vue, la fonction d'un organe est ce que celui-ci *doit* accomplir (dimension normative), ce *en vue de quoi* il est constitué (dimension téléologique), *l'effet* qu'il accomplit *le mieux* (dimension axiologique). Dire que la fonction du cœur est de pomper le sang et non de produire un bruit régulier (effet accidentel), revient à dire que cet organe a pour *finalité* d'accomplir cette activité et qu'il est même *censé* l'accomplir. Pour un artefact, on peut rendre compte de cette finalité par l'intention du fabricateur. Mais qu'en est-il dans le cas d'un organisme biologique ? Comment définir la fonction sans faire appel à une

soit pas ici en jeu, il en a été question dans les pages qui précèdent. Mais une traduction par « maladie » conviendrait tout aussi bien dans la mesure où il est ici clair qu'il est question de la définition des concepts *théoriques* fondamentaux de santé. Elle permettrait de mieux rendre la symétrie du couple santé/maladie.

intentionnalité et à des valeurs ? S'il existe des philosophies qui lui donnent un statut comme chez Aristote ou Galien, on ne dispose pas de théorie biologique de la fonction. Claude Bernard, qui est souvent considéré comme le père fondateur de la physiologie expérimentale, utilise la notion de fonction mais n'en élabore pas une théorie. Tout d'abord, la connotation téléologique de cette notion s'accorde mal avec la méthode expérimentale telle qu'il la conçoit. Pour lui, il n'y a d'explication scientifique des phénomènes qu'avec la mise en évidence de leur déterminisme, c'est-à-dire leur « cause prochaine ». La détermination des fonctions bien que centrale dans la physiologie n'a pas de valeur explicative. Ensuite, sa position positiviste et nominaliste est la même pour la notion de fonction que pour celles de vie, santé et maladie. Ces termes sont utiles mais ils ne renvoient pas à des essences réelles[1]. Toutefois, la négation ou la critique de la notion de fonction sont surtout théoriques et méthodologiques ; Bernard et les physiologistes en général continuent de l'utiliser très largement.

2/ Le débat philosophique moderne (depuis la fin des années 1960). L'omniprésence des énoncés fonctionnels en biologie posait un problème au projet d'unification de la science et de l'explication scientifique poursuivi par l'empirisme logique. La question de la fonction devient celle des énoncés fonctionnels et en particulier, de la possibilité de leur réduction ou de leur traduction en des énoncés de type causal. Ernst Nagel a proposé de considérer l'énoncé fonctionnel comme simple renversement d'un énoncé causal : un énoncé fonctionnel ne serait pas autre chose qu'une explication d'un phénomène à partir de son effet[2]. Dire que « la fonction du cœur est de pomper le sang » reviendrait à

1. « Ce sont des expressions littéraires dont nous nous servons parce qu'elles représentent à notre esprit l'apparence de certains phénomènes ». *Introduction à l'étude de la médecine expérimentale*, *op. cit.*, p. 108.

2. *The Structure of Science*, New York, Harcourt Brace & World, 1961.

dire que « le cœur est *une condition nécessaire* de l'activité de pomper le sang ». C'est une question de point de vue. Il serait donc toujours possible de traduire un énoncé fonctionnel en énoncé causal où la cause est une condition nécessaire. Mais le problème de cette définition de la fonction est que tous les effets ne sont pas fonctionnels : le bruit du cœur, par exemple. Le concept de fonction a donc besoin d'une caractérisation supplémentaire pour qu'il soit possible de préciser *quels effets sont des fonctions*. Une stratégie différente, consistant plutôt à naturaliser le discours téléologique, a été proposée par Larry Wright dans un article publié en 1973. Cet article est à l'origine de la controverse moderne et de la conception dite « étiologique » de la fonction. Wright considère qu'une théorie de la fonction doit permettre la distinction entre *fonction* et *effet accidentel* et rendre compte de la possibilité d'attribuer une fonction à un trait ou un processus, même s'il ne réalise pas *actuellement* cette fonction (disposition) mais aussi, même s'il est défectueux ou *dysfonctionnel* (normativité). Plutôt que de rabattre la fonction sur la cause comme condition nécessaire, il introduit une dimension *historique* (dite aussi *étiologique*) dans l'analyse de la fonction. La présence d'une fonction dans un système donné serait due à un processus de sélection dans le passé. Pour lui, les fonctions d'un organe sont ses effets passés qui expliquent son existence[1]. La fonction est donc définie en termes d'utilité passée : attribuer une fonction à un trait, c'est l'expliquer en énonçant l'effet qu'il a permis d'obtenir et qui lui a valu d'être sélectionné. Cette définition permet de rendre compte de ce que même si ce cœur ne fonctionne pas *actuellement* ou même, *dysfonctionne*, comme dans le cas d'une malformation congénitale, il est toujours possible de dire que sa fonction est de pomper le sang : c'est ce que cet organe a la *disposition* de faire et ce qu'il est *censé* faire. C'est l'origine de

1. « Functions », *Philosophical Review*, 1973, n° 82, p. 139-168. La définition qu'il donne de la fonction est la suivante : « La fonction de X est Z signifie : (a) X est là parce qu'il fait Z ; (b) Z est une conséquence (ou résultat) de la présence de X ».

la conception étiologique dite aussi « normative » – dans un sens inflationniste – de la fonction, renforcée et radicalisée par les théories de Ruth Millikan puis de Karen Neander, qui associent plus explicitement l'interprétation étiologique de la fonction à la sélection naturelle et ajoutent la notion de « fonction propre directe »[1]. Notons que la *normativité* n'est pas ici de nature sociale, culturelle ou subjective, le contraire de naturel et de factuel, sens retenu dans l'opposition entre « normativistes » et « naturalistes » dans le débat sur les concepts de santé et de maladie. Elle est celle qui permet une distinction entre activité normale, qui accomplit correctement la fonction, et activité anormale, qui manque à l'accomplir (sens déflationniste de la normativité) *à partir de l'effet sélectif* (sens inflationniste). On se rapproche ici de la *normativité biologique* telle qu'elle avait été introduite par Canguilhem.

À ce *concept étiologique et normatif*, qu'il baptise la théorie de la fonction « par l'effet sélectif », Robert Cummins oppose une définition non normative par le « rôle causal » qui privilégie le cadre du système actuel : un *concept systémique*[2]. Pour lui, le cadre de l'adaptation biologique n'est pas pertinent pour rendre compte des explications fonctionnelles. L'erreur de la conception étiologique est de confondre deux processus causaux : celui qui permet de rendre compte de *l'origine* d'un trait ou d'un processus fonctionnels (*comment* la

1. R. Millikan, *Language, Thought and Biological Categories*, Cambridge (MA), MIT Press, 1984, Chapitre 1 ; K. Neander, « The Teleological Notion of "Function" », *Australasian Journal of Philosophy*, 1991, n° 69, p. 454-68 et « Function as Selected Effects: The Conceptual Analyst's Defense », *Philosophy of Science*, 1991, n° 58, p. 168-84.

2. R. Cummins, « Functional Analysis », *Journal of Philosophy*, 1975, n° 72, p. 741-765. Pour une présentation synthétique des diverses théories de la notion de fonction et en particulier la relation de celle de Boorse avec celle de Cummins, voir M. C. Lorne, *Explications fonctionnelles et normativité : analyse de la théorie du rôle causal et des théories étiologiques de la fonction*, Thèse de philosophie, Paris, École des Hautes Études en Sciences Sociales, 2004.

montre a été construite) et celui qui rend compte de *la capacité* d'un trait ou d'un processus à remplir telle ou telle fonction (la fonction de la trotteuse). Dans sa conception qui prolonge et améliore celle de Nagel, attribuer une fonction à un trait ou un processus, c'est supposer que le système qui l'accomplit possède une *disposition* à la réaliser. Il rabat la notion de fonction sur celle de *fonctionnement réglé* dans un système donné dont la décomposition en parties permet d'identifier le rôle causal de chaque partie et leur manière de fonctionner ensemble. Cette approche rend possible la recherche de lois de composition des systèmes et permet de satisfaire une exigence nomologique de l'explication fonctionnelle qui ne l'est pas dans la conception étiologique. Toutefois, si cette conception discrimine parmi certains effets, ceux qui sont fonctionnels et, grâce à la notion de disposition, rend compte de la présence d'une fonction même en l'absence de fonctionnement actuel, le *dysfonctionnement* comme distinct de l'absence de fonction (normativité en un sens au moins déflationniste) lui échappe. Or, comme nous l'avons précédemment souligné, un organe peut ne pas avoir une disposition (malformation congénitale du cœur) et il semble pourtant pertinent de lui attribuer une fonction (pomper le sang).

3/ La conception de Boorse. Le concept de fonction proposé par Boorse se veut *non normatif* dans le sens où il ne fait appel ni à des *valeurs* sociales et subjectives (sens d'axiologique), ni à un effet responsable de la sélection dans l'histoire évolutive pour son utilité passée (sens inflationniste). Notons qu'il est bien toutefois *normatif* dans le sens où il permet de distinguer le dysfonctionnel du non fonctionnel et d'identifier ainsi ce qu'un organe est *censé* faire (sens déflationniste)[1]. Il s'inscrit

1. Nous avons précédemment évoqué l'ambiguïté de la notion de « norme non normative » chez Boorse (supra p.42-43). Pour

dans la filiation des théories de Nagel et Cummins. Pour Boorse, la fonction n'est pas autre chose qu'une contribution à un but, l'orientation vers un but étant appréhendée dans une version « cybernétique » de la théorie systémique (RF, 69)[1]. Les organismes sont des systèmes orientés vers un but au sens où l'a en particulier établi Sommerhoff, c'est-à-dire que cette orientation téléologique est une propriété objective et factuelle des organismes vivants. Par ailleurs, la propriété téléologique apparaît à plusieurs niveaux de l'organisation interne, c'est-à-dire à des niveaux inférieurs à celui de l'organisme. L'organisme est une organisation hiérarchisée de fins et de moyens dans laquelle chaque niveau est dirigé vers un but et contribue aux buts supérieurs de l'organisme (HTC, 556). Les buts de niveau supérieur dépendent du système qui intéresse la discipline biologique en question. En

distinguer plus clairement les usages *déflationniste* et *inflationniste* de la notion de fonction, Neander propose de parler respectivement d'*une* notion normative de fonction (notion qui offre la possibilité d'un fonctionnement défectueux) de *la* notion normative de fonction, c'est-à-dire la notion étiologique et inflationniste. « Les explications fonctionnelles », *Revue Philosophique*, 2009, n° 1, p. 5-8.

1. Pour Boorse, cette conception de la fonction comme « contribution à un but » proviendrait essentiellement de A. Rosenblueth, N. Wiener et J. Bigelow, « Behavior, Purpose and Teleology », *Philosophy of Science*, 1943, n° 10, p. 18-24. Elle aurait été élaborée par G. Sommerhoff (*Analytical Biology*, London, Oxford, 1950) et R. B. Braithwaite (*Scientific Explanation*, New York, Harper, 1960) et appliquée à l'analyse de la fonction pour la première fois par E. Nagel *(The Structure of Science, op. cit.)*.

physiologie, le système est l'*organisme individuel* dont les buts pertinents sont *la survie et la reproduction* (RF, 69). En effet, à la différence du biologiste de l'évolution, l'intérêt du physiologiste porte principalement sur *l'individu*, et non pas sur la *population*, même s'il y a bien entendu des interactions importantes entre l'un et l'autre niveaux dont la physiologie doit tenir compte. Par ailleurs, le physiologiste s'intéresse avant tout au fonctionnement *actuel* du système et à son maintien, et non pas à son *évolution* et aux raisons qui l'ont conduit à acquérir telle ou telle fonction. Ainsi, Boorse considère que sa conception de la fonction est indépendante, d'un point de vue logique, de toute évolution biologique qu'elle soit présente, passée ou future (RF, 75). Par ailleurs, et c'est ce qui le distingue radicalement de Canguilhem, ces buts que sont la survie et la reproduction – tout comme la vie (dans son opposition à la mort) – ne sont pas des valeurs, ni même des « valeurs biologiques » ou encore des « valeurs objectives »[1] mais des traits physiques de l'organisme (RH, 57).

Mais comment ce concept de fonction permet-il d'éviter le problème de la conception systémique de Cummins, c'est-à-dire de rendre compte du dysfonctionnement sans pour autant faire appel à l'histoire

1. Pour J. Lennox, la valeur n'est pas éliminable d'une approche descriptive des fonctions biologiques car le simple maintien de la vie par l'activité biologique requiert que la vie soit comprise comme une valeur fondamentale. J. Lennox, « Health as an Objective Value », art. cit.

sélective (normativité en un sens déflationniste) ? Comme l'a bien montré Marie-Claude Lorne, c'est en acceptant de réduire l'exigence nomologique de ce concept, c'est-à-dire qu'il soit *relatif* à un certain type d'entités, que Boorse entend résoudre cette difficulté[1]. En effet, « pour une définition de la fonction physiologique, nous avons besoin au moins d'une qualification supplémentaire. Clairement, les énoncés fonctionnels en physiologie sont à propos de la contribution standard d'un trait dans une certaine population ou classe de référence, c'est-à-dire une espèce » (HTC, 556). Les énoncés de la physiologie ne sont donc pas absolus mais relatifs à l'espèce humaine. C'est la relativisation des énoncés fonctionnels à une certaine classe d'entités qui permet la distinction entre *absence de fonction* et *dysfonctionnement* : il devient possible de spécifier l'*absence de fonction* comme le fait que, *dans cette espèce*, la production de cet effet n'est pas *typique*. Boorse prend l'exemple de la fonction du cristallin (focaliser la lumière sur la rétine). L'existence d'individus qui souffrent de cataracte ou qui n'ont pas de cristallin ne remet pas en cause l'existence de cette fonction dans l'espèce humaine car ces individus ne sont pas typiques de cette espèce. Par ailleurs, que la queue d'un écureuil se trouve coincée par une pierre au bord de la route et lui évite de se faire écraser par une voiture ne suffit pas à conférer à sa queue la fonction d'empêcher l'écrasement. Une fonction

1. *Explications fonctionnelles et normativité*, *op. cit.*, p. 59-61.

physiologique est toujours *une contribution standard* des traits ou processus des individus d'une espèce donnée. Ainsi, à la différence des énoncés cliniques, les énoncés fonctionnels sont des énoncés généraux et non pas individuels : « Les énoncés fonctionnels décrivent des espèces ou des caractéristiques populationnelles, non pas une plante ou un animal individuels » (HTC, 557). Le jugement clinique sur la santé individuelle, un jugement pratique et normatif, est l'évaluation de la conformité de l'organisme individuel à la normalité fonctionnelle typique. C'est cette relativisation des énoncés fonctionnels à une population qui permet aux énoncés de la physiologie d'atteindre une certaine généralité et objectivité. Mais il reste nécessaire de définir objectivement l'espèce à laquelle ces énoncés sont relativisés. Or, est-il possible de définir l'espèce comme une catégorie naturelle sans faire appel à une histoire sélective porteuse de normativité ?

La classe de référence. – En relativisant le concept de fonction à une population, Boorse résout le problème du dysfonctionnement, mais encore faut-il pouvoir élaborer une définition objective de la population ou classe d'entités à laquelle les énoncés fonctionnels sont relatifs. 1/ Un « idéal empirique ». Pour Boorse, l'espèce est une unité naturelle de classification qui peut être empiriquement définie à partir d'une abstraction statistique. Tout comme le naturaliste de terrain, le physiologiste « fait abstraction des différences individuelles et des maladies en faisant une moyenne [*by averaging over*] sur la base d'un échantillon suffisamment large de la population » (HTC, 557). La comparaison conduit à constituer les groupes en fonction de la supériorité de la ressemblance sur les différences. Cette définition empiriquc ct statistique de l'espèce relève certes d'une forme d'idéalisation puisqu'il s'agit bien de dégager un portrait *type* et représentatif par abstraction de certaines différences concrètes, mais cette *idéalisation* n'est pas normative. Il s'agit d'une « idéalisation statistique et non pas morale, esthétique ou normative » ; Boorse parle d'un « idéal empirique » (HTC, 557). Et c'est de ce type d'idéal, qu'il compare à la notion wébérienne d'« idéal type », que dépend le concept théorique de santé. Aussi, la notion d'espèce repose-t-elle sur le constat empirique de l'existence d'une grande uniformité fonctionnelle d'un ensemble d'individus. Pour ce qui intéresse le physiologiste, l'uniformité l'emporterait sur les variations et les différences. Sans cette homogénéité des individus, l'existence même des manuels de physiologie décrivant en détail le fonctionnement de l'organisme humain serait impensable. Par ailleurs, tout acte clinique deviendrait lui-même impossible : « Le diagnostic médical et le traitement par exemple de la pancréatite, requiert bien l'assurance que le patient ressemble suffisamment à d'autres gens pour avoir un pancréas localisé près de l'estomac qui sécrète des enzymes pouvant attaquer l'organe lui-même » (HTC, 557). La grande variabilité entre les individus à laquelle le clinicien doit être particulièrement attentif n'empêche pas qu'existe une certaine homogénéité grâce à laquelle les énoncés fonctionnels de la physiologie sont possibles.

2/ Fondement de l'uniformité du *design* de l'espèce. Pour fonder cette ressemblance des êtres humains et la régularité statistique, il n'est pas nécessaire de faire appel à un idéal normatif ou à une ontologie comme le faisait Quételet dans sa théorie de l'Homme moyen. Boorse semble considérer qu'il suffit de constater que l'évolution biologique conduit naturellement à un certain équilibre, une certaine stabilisation d'un ensemble d'individus, et l'uniformité fonctionnelle de l'espèce n'est alors pas autre chose que le résultat de la « sélection normalisante [*normalizing selection*] » (HTC, 557). Mais, en faisant référence à un résultat de la sélection, n'utilise-t-il pas ici le sens inflationniste de la normativité du concept de fonction qui fait appel à une utilité passée et à une histoire sélective ? Il rejoindrait alors les conceptions étiologiques de la fonction de Millikan et Neander précédemment évoquées, et il se rapprocherait de l'inversion de la relation entre norme et moyenne opérée par Canguilhem dans sa critique de Quételet (*NP*, 104)[1]. Or, Boorse s'en défend (RF, 100-103).

1. Il est notable qu'on retrouve une analyse comparable de la notion d'espèce chez Canguilhem qui lui permet d'ailleurs de redonner une certaine légitimité à l'association des concepts de norme et de moyenne après l'avoir critiquée chez Quételet. Il définit en effet aussi l'espèce comme *le résultat stabilisé de la sélection* : « L'espèce, ce serait le groupement d'individus, tous à quelque degré différents, et dont l'unité traduit la normalisation momentanée de leurs rapports avec le milieu, y compris les

Tout d'abord, pour lui, l'uniformité fonctionnelle résulte bien de la sélection naturelle mais cette dernière étant interprétée comme un processus mécanique, elle ne saurait produire des valeurs ou des normes, dans le sens inflationniste. Ensuite, comme nous l'avons précédemment souligné, le physiologiste, à la différence du biologiste de l'évolution, ne s'intéresse pas à l'histoire évolutive dans son analyse des organismes vivants et il se limite à une échelle restreinte du temps : « En dehors des échelles de temps évolutionnaires, les *designs* biologiques ont une constance massive qui est vigoureusement maintenue par la sélection normalisante. C'est sur cette constance de court terme que la théorie et la pratique médicales reposent » (HTC, 557). Si le biologiste de l'évolution peut être intéressé par des variations interindividuelles comme des mutations, pouvant donner naissance à une nouvelle espèce, ce n'est pas le cas du physiologiste et du médecin qui se focalisent sur l'organisation fonctionnelle *actuellement* stabilisée d'un ensemble d'organismes individuels. Même si Boorse tient compte de ces variations en les intégrant dans la

autres espèces, comme Darwin l'avait bien vu » (*NP*, 90). Toutefois Canguilhem insiste sur le caractère transitoire et momentané de la stabilisation qu'exprime l'unité de l'espèce et Boorse insiste plutôt sur la grande stabilité à l'échelle temporelle de plusieurs générations humaines. Chez Canguilhem la fréquence statistique est interprétée comme le « critère actuel ou virtuel de la vitalité d'une solution adaptative » (*NP*, 196). En outre, pour lui, contrairement à Boorse, il y a bien dans la sélection et dans son résultat l'œuvre et la trace d'une activité normative de la vie.

notion de « santé instrumentale » ou santé positive, elles n'induisent pas à ses yeux de différence au niveau de la « santé intrinsèque » ou santé théorique : « Les jugements au sujet de ce qui promeut le succès des membres de l'espèce dans différents environnements ne sont pas, pour nous, des jugements sur la santé intrinsèque ». Pour le physiologiste, ce n'est pas d'être à l'avant-garde de l'évolution qui compte : « la médecine ne considère pas le fait de ne pas être à l'avant-garde de l'évolution comme une maladie *(disease)* » (HTC, 563).

3/ Une portion de l'espèce : l'âge et le sexe. Les énoncés fonctionnels en physiologie sont relatifs non pas à l'espèce mais à une portion de l'espèce : la classe de référence. Il y a des variations inter-individuelles dont Boorse tient compte dans la santé intrinsèque : le polymorphisme (comme le groupe sanguin ou la couleur des yeux), dont aucune forme n'est fixée dans la population, peut être présent dans une même espèce sans que cela ne remette en question son unité fonctionnelle. En revanche, certaines variations introduisent suffisamment de différences pour justifier une nouvelle division naturelle au sein de l'espèce : celles relatives à l'âge (enfant et adulte), au sexe et peut-être à la race[1]. Mais comment Boorse justifie-t-il que des variations, comme les traits polymorphiques, ne

1. Pour ce qui concerne la race, Boorse reste très allusif et ne semble pas finalement défendre sérieusement une division naturelle sur ce critère. Elle demeure au statut d'hypothèse (RH, 8). Elle ne devrait pas être nécessaire (RH, 102).

constituent pas pour le physiologiste une division de l'espèce tandis que c'est le cas des variations liées à l'âge et au sexe ? Il n'est pas très précis sur ce point. Il souligne le caractère « suffisamment surprenant » (HTC, 558) de ces différences intraspécifiques. Pour ce qui concerne *la différence sexuelle*, le principe de distinction reposerait sur la « cohérence fonctionnelle singulière » d'un ensemble de caractéristiques liées les unes aux autres : « seul un piètre observateur se satisferait en se contentant de remarquer que les êtres humains sont typiquement dotés d'ovaires ou de testicules, d'utérus ou de pénis, d'une poitrine large ou étroite, etc. » (HTC, 558). Pour *l'âge*, ce serait moins évident, en particulier pour l'être humain. Pour certaines espèces comme le papillon, le passage d'un âge à un autre se manifeste par une transformation telle qu'on pourrait croire à l'émergence d'un nouvel animal ; trois âges correspondent à trois étapes très distinctes : la chenille, la chrysalide et le papillon. Pour l'être humain, le principe de distinction reposerait sur la présence ou l'absence de traits : il y a des fonctions chez l'enfant absentes chez l'adulte et réciproquement (élargissement du squelette chez l'enfant ; production de sperme et ovulation chez l'adulte). Le passage à l'âge adulte est situé aux environs de 7-9 ans. En ce qui concerne la vieillesse, Boorse s'étonne de constater que la physiologie ne suit pas sur ce point la biologie en n'admettant pas une deuxième division qui conduirait à écarter du domaine du pathologique un certain nombre de symptômes ou phénomènes de dégénérescence liés au vieillissement naturel de l'organisme. Pour Boorse, « ce qui est énigmatique, c'est la raison pour laquelle la vieillesse n'est pas considérée comme une phase de la vie ayant ses propres normes statistiques de fonctionnement sain » (HTC, 567). Nous verrons que cette question d'une troisième classe de référence, la vieillesse, est décisive pour résoudre certaines limites de sa théorie, et en particulier le problème de certaines « pathologies universelles ».

Le fonctionnement normal. – Si la définition de l'espèce et des classes de références auxquelles sont relativisés les énoncés fonctionnels de la physiologie permet d'identifier *quelles fonctions sont typiques* ou *normales* pour tels organismes, elle ne suffit encore pas pour savoir quel est *le niveau normal de fonctionnement* de chacune d'elles : il convient encore de préciser la nature de l'effet que le type exerce. Un trait ne doit pas seulement remplir la fonction *typique* mais il doit la remplir avec au moins un niveau d'efficacité *statistiquement* typique. Il s'agit de définir les niveaux de fonctionnement des traits ou processus qui sont *normaux* pour chaque classe de référence. Après un usage de la normalité statistique au sens de *typique*, Boorse fait appel à un vocabulaire plus technique de la statistique : d'une part, la *distribution statistique* du niveau d'efficacité de la fonction dans la classe de référence et, en particulier, sa forme en courbe de Gauss aussi dite « normale », et d'autre part, le calcul de *l'intervalle de référence* ou limites de la variation normale. Le physiologiste s'appuie ici davantage sur des concepts du statisticien que du naturaliste.

1/ Distribution statistique et variation normale. Si ces notions techniques sont implicites dans l'article de 1977 (HTC), la distribution de forme normale ou gaussienne joue un rôle quasi démonstratif dans les articles de 1987 (CH) et de 1997 (RH). Voici comment le fonctionnement normal est défini en 1977 : « Le fonctionnement normal chez un membre de la classe de référence est la performance par chaque partie interne de toutes ses fonctions statistiquement typiques avec au moins un niveau d'efficacité statistiquement typique, c'est-à-dire aux niveaux d'efficacité à l'intérieur ou au-dessus d'une région centrale de la distribution de population » (HTC, 559). Or dans les deux articles ultérieurs, cette précision disparaît au profit d'une présentation graphique de la distribution statistique (dans une classe de référence) du niveau d'efficacité de la fonction d'une partie, qui met en évidence une forme gaussienne, forme initialement définie pour la distribution des erreurs de mesure.

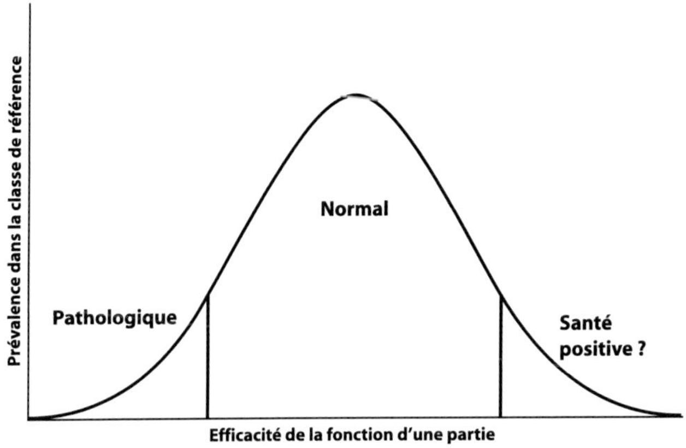

Figure 2 : distribution dans une classe de référence de l'efficacité de la fonction d'une partie. Adaptée de CH, 370 et RH, 8, avec l'aimable autorisation de l'auteur. (Nous avons inversé les axes – à la demande de l'auteur qui reconnaît là une erreur dans sa figure –, en plaçant la variable dépendante (prévalence dans la classe de référence) comme cela est habituel sur l'axe des ordonnées. La correction avait été effectuée et suggérée par Peter Schwartz dans « Defining Dysfunction : Natural Selection, Design, and Drawing a Line », *Philosophy of Science*, 2007, n° 74, p. 373.)

Par ailleurs, dans cette représentation graphique, le normal n'est pas identifié à la seule valeur moyenne mais à un ensemble de valeurs autour de la moyenne que l'on appelle « variation normale [*normal range*] ». Là aussi, comme dans le cas du polymorphisme, une place est faite à la variation au sein de la normalité. Boorse et Canguilhem se rejoignent ici dans leur référence commune au physiologiste et médecin anglais John Ryle qui, dans sa réflexion sur la relation entre normalité et variation individuelle fut conduit à proposer de remplacer la notion de *normalité* par celle de *variation normale*[1]. Canguilhem, dans ses « Nouvelles réflexions » (1966) souligne que l'approche de Ryle constitue une « rectification » et un « assouplissement » de la notion de normalité statistique (*NP*, 201). Mais si la *variation normale* a l'avantage d'éviter une restriction de la notion de norme à la seule valeur moyenne, elle introduit deux nouvelles difficultés pour la distinction entre le normal et le pathologique : la définition des limites de cette variation, d'une part, et le problème du fonctionnement supérieur ou optimal, d'autre part.

2/ Les limites de la variation normale. Quand on a affaire à une distribution continue ou unimodale comme dans le cas d'une distribution gaussienne, la solution utilisée pour démarquer deux populations (normale et pathologique) est généralement celle du calcul de l'intervalle de référence. Ce calcul de la moyenne arithmétique + ou – deux écarts type, aujourd'hui tant utilisé en médecine, serait apparu dans la littérature médicale à la fin des années 1930. D'après Edmond Murphy, ce serait à l'occasion de la recherche d'une solution clinique pour définir la pression artérielle normale que la notion d'intervalle de référence aurait été utilisée[2]. Elle constitue un transfert aux don-

1. J. Ryle, « The Meaning of Normal », *Lancet* I, 1947, p. 1-5.

2. Murphy considère que D. M. Lyon aurait été l'un des premiers à donner la définition statistique du *normal range* et ce,

nées biologiques de la technique du test d'hypothèse qui venait d'être élaborée par les statisticiens dans le but de permettre des décisions inférentielles à partir d'une estimation de la probabilité qu'une valeur observée soit imputable au hasard. Le choix arbitraire du seuil de 5 % comme seuil de signification fut transposé pour le seuil de normalité : les 5 % d'erreur imputables au hasard devinrent les 5 % de valeurs pathologiques aux extrémités d'une courbe de distribution dont la forme doit être celle de la courbe des erreurs aléatoires autour de la vraie valeur (courbe de Gauss). Dans l'article de 1977, Boorse évoque cette technique : « Le fonctionnement anormal survient quand le niveau d'efficacité de la fonction descend bien en dessous de la moyenne [*mean*] de la population. [...] Cette distance ne peut qu'être conventionnellement choisie, comme dans toute application de la normalité statistique à une distribution continue » (HTC, 559). Dans l'article de 1987, il fait référence aux fameux 5 % et souligne qu'il s'agit d'un choix arbitraire des statisticiens : « Bien que les statisticiens utilisent souvent les

en 1940 à propos de l'hypertension : « Blood Pressure, normal and abnormal », *Edinburgh Medical Journal*, 1940, n° 47, p. 297-316. E. Murphy, *The Logic of Medicine*, Baltimore, John Hopkins University Press, 1997, p. 148. Jiri Vacha a montré de son côté les origines de cette approche dans la pensée constitutionnelle allemande : « German Constitutional Doctrine in the 1920s and 1930s and Pitfalls of the Contemporary Conception of Normality in Biology and Medicine », *Journal of Medicine and Philosophy*, 1985, n° 10, p. 356.

95 % de valeurs centrales, il n'y a ici aucune raison pour un tel choix. [... Dès lors,] la ligne entre le normal et le pathologique est arbitraire [...] le concept d'un état pathologique a des frontières vagues » (CH, 371). Pour Boorse, ce vague ne met pas en péril l'objectif de déterminer objectivement la distinction entre le normal et le pathologique. En 1977, il soulignait que « la ligne précise entre la santé et la maladie est généralement académique, puisque la plupart des maladies impliquent des déficiences fonctionnelles qui sont inhabituelles pour tout critère raisonnable » (HTC, 559). Le dysfonctionnement (c'est-à-dire la réduction de la contribution typique à la survie et à la reproduction en dessous du niveau d'efficacité statistiquement typique) serait suffisamment évident pour susciter un consensus sur le seuil pertinent.

3/ Le problème du *fonctionnement optimal* : de l'*a*normal au *sub*normal. Avec la notion d'intervalle de référence, une seconde difficulté apparaît : un trait ou un processus qui accomplissent une certaine activité mieux que la moyenne dans la classe de référence (la capacité cardiovasculaire du coureur de fond ou une intelligence qui dépasse la moyenne par exemple) ne sont pas considérés comme pathologiques. Or comment justifier le choix d'une extrémité de la courbe et non de l'autre ? C'est ici le problème du fonctionnement optimal qui se pose à la conception statistique de la normalité. Pour comprendre la solution de Boorse, il est nécessaire de noter tout d'abord la distinction qu'il établit entre deux sens de la notion de fonction : elle peut désigner son *efficacité* ou son *processus concret*. Le niveau de normalité est établi à partir de la distribution du niveau d'*efficacité* de la fonction. La fonction dont il est ici question pour déterminer le niveau normal de fonctionnement n'est donc pas le processus concret qui réalise la contribution physiologique : « La fonction des cellules pariétales de l'estomac est de sécréter de l'acide pour faciliter la digestion. Mais l'excès d'acidité dans l'estomac est finalement bien davantage un dysfonctionnement qu'une déficience. L'extrémité droite d'une distribution est l'efficacité physiologique maximale – et non pas le maximum de quantité d'acide dans l'estomac ou d'insuline ou de leucocytes, chacun d'eux étant au contraire, pathologique » (CH, 371). Et dans le cas de maladies en hyper- ou hypo-, il y a erreur sur la dénomination car on définit à partir du processus concret plutôt que de l'efficacité de la fonction. Dans le cas des maladies liées à la thyroïde par exemple, les processus de l'hyper- comme de l'hypothyroïdie réfèrent à un niveau d'efficacité *inférieur* à la moyenne typique : ces processus sont donc, dans les deux cas, pathologiques. Ainsi, si c'est l'efficacité de la fonction qui importe et non le processus concret, il n'y a pas de sens à parler « d'excès de la fonction », et le *pathologique* n'est plus synonyme d'anormalité statistique mais plus précisément, de *subnormalité statistique* (CH, 371).

Avantages de la TBS. – Ainsi, la TBS apporte des améliorations substantielles au concept de normalité statistique en l'articulant à un concept de fonction biologique et répond aux principales critiques formulées contre lui par le normativisme. La définition fait place à de la variation à l'intérieur de la normalité et la « normalité médicale » ne retient que le *sub*normal, évitant le problème du fonctionnement optimal. Dès lors, la TBS réussirait à intégrer la variabilité physiologique tout en maintenant une conception dichotomique de la relation entre le normal et le pathologique. Par ailleurs, elle a l'avantage de rendre compte du fait qu'il peut y avoir une pathologie sans pour autant qu'il y ait nécessairement une maladie vécue pour l'individu ou un traitement à disposition, ou encore, que lui soient associées des valeurs négatives. Outre ces avantages que Boorse énumère lui-même (HTC, 563 ; RH, 15), elle permet de rendre compte du fait que nous émettons « des jugements sur l'état pathologique des plantes et des animaux et pourquoi ce qui ressemble à un état pathologique dans un organisme peut ne pas être tel s'il n'y a pas de fonctionnement défectueux », et elle vaut à la fois pour le physique et le mental (MH ; RH, 60-62). Pour finir, selon lui, elle « livre une conception claire des relations logiques entre les principaux concepts de santé » et « elle [leur] donne un statut scientifique […] et, ce faisant, explique dans le même temps la variation culturelle dans les jugements sur le pathologique tout en évitant le relativisme culturel ». Il nous semble en effet que la TBS réussit bien à *expliquer* les concepts de santé et de maladie tels qu'ils sont effectivement utilisés dans la médecine occidentale, en physiologie et en pathologie, objectif qu'elle s'était donné ; elle a le mérite de clarifier et préciser la part statistique du concept de normalité impliquée dans les classifications et définitions médicales.

Limites de la théorie biostatistique

Dès l'article de 1977, Boorse dégage ce qu'il identifie comme deux principales limites de sa théorie : les « désordres structuraux » et les « pathologies universelles [*universal diseases*] » (HTC, 565-568). L'article publié en 1997 (RH) répond à l'ensemble des objections qui lui ont été adressées et qu'il classe en trois grandes catégories : « objections techniques », « mauvaise biologie » et « mauvaise médecine ». Nous ne reprenons pas ces catégories mais proposons une synthèse, qui permet à la fois de rendre compte des critiques et des réponses avancées, et de mettre en évidence ce qui nous semble demeurer problématique.

Maladie et dysfonctionnement. – En philosophie de la médecine, l'objection de fond a consisté à soutenir qu'il est illusoire de définir un dysfonctionnement sans recourir à un jugement de valeur, ou que le dysfonctionnement n'est ni nécessaire ni suffisant pour distinguer le normal du pathologique. L'exemple de l'homosexualité a été abondamment exploité contre la TBS pour souligner *l'insuffisance* du dysfonctionnement et l'inadéquation de la TBS avec ce qu'on considère comme pathologique dans la médecine occidentale[1]. En effet, pour la TBS, l'homosexualité est pathologique puisqu'elle empêche la contribution statistiquement typique du fonctionnement de l'organisme individuel à la reproduction. Or il paraît déplacé, même pour la médecine théorique, de considérer qu'il s'agit d'une maladie. L'homosexualité fut retirée de la liste américaine officielle des troubles mentaux, le DSM-III *(Diagnostic Statistical Manual of Mental Disorders)* suite à une décision de l'American Psychiatric Association en 1973 après y avoir été introduite en 1968 et ce changement n'a pas été motivé par une modification dans la connaissance médicale[2]. Pour Jerome Wakefield dont la définition de la maladie est l'une des plus proches de la TBS bien qu'elle repose sur une autre définition de la fonction biologique (une définition étiologique), un dysfonctionnement biologique est en effet nécessaire pour définir la maladie, mais il faut ajouter un composant normatif pour obtenir une définition complète. Il définit la maladie comme un « dysfonctionnement préjudiciable [*harmful dysfunction*] », ajoutant un critère de bien-être qui permet

1. M. Ruse, « Defining Disease. The Question of Sexual Orientation », *in* J. M. Humber et R. F. Almeder (ed.), *What Is Disease?, op. cit.*, p. 137-171 ; L. Nordenfelt, *On the Nature of Health*, *op. cit.*, p. 131-139.

2. Au sujet de l'histoire de ce changement et des débats qui l'ont accompagné voir R. Bayer, *Homosexuality and American Psychiatry. The Politics of Diagnosis*, New York, Basic Books, 1981, p. 101-154.

d'écarter des exemples contre-intuitifs comme celui de l'homosexualité[1]. Sa définition est donc hybride. Or d'après Boorse, la définition de Wakefield est en parfait accord avec la sienne. C'est parce qu'il ne fait pas de distinction entre concepts pratique et théorique que Wakefield est conduit à ajouter l'adjectif « préjudiciable » au dysfonctionnement biologique. Son concept hybride renvoie en réalité au concept pratique d'« anormalité diagnostique ». Dès lors, la seule différence entre les deux définitions concernerait le concept de fonction (RH, 48-49). Mais si Boorse a raison sur ce point, est-il satisfaisant d'admettre que le dysfonctionnement biologique, bien que non suffisant, demeure *nécessaire* comme cela est concédé par Wakefield ?

Divers arguments ont été utilisés contre la TBS pour souligner le caractère non *nécessaire* du dysfonctionnement biologique. Premièrement, la médecine traite des situations ou des états qui ne relèvent pas du fonctionnel ou du dysfonctionnel. Lawrie Reznek prend l'exemple de l'orgasme qui, si l'on suit la TBS, n'est pas fonctionnel sachant qu'il ne contribue ni à la survie ni à la reproduction de l'individu[2]. Pourtant, l'incapacité d'en avoir constitue bien une maladie reconnue comme telle par la médecine et justifie la recherche

1. « The Concept of Mental Disorder – On the Boundary between Biological Facts and Social Values », *American Psychologist*, 1992, n° 47, p. 373-388.

2. *The Nature of Disease, op. cit.*, p. 131.

d'un traitement. Mais Boorse souligne que l'objection repose sur une incompréhension de sa théorie qui a précisément pour objectif de distinguer le jugement sur le statut pathologique de celui qui concerne la prise en charge clinique et thérapeutique. Que l'incapacité à avoir des orgasmes ne soit pas pathologique n'implique pas qu'elle ne puisse pas faire l'objet d'une prise en charge médicale au même titre que la contraception : « Le traitement médical d'un état n'est ni nécessaire ni suffisant pour que ce dernier soit pathologique » (RH, 92). Deuxièmement, rares seraient en réalité les maladies qui sont définies à partir de la caractéristique *physiologique* de *dysfonctionnement* ; elles sont plus souvent définies à partir de leur *étiologie*, de *descriptions cliniques* (syndrome) – comme c'est encore souvent le cas des maladies mentales –, de leur *anatomopathologie* ou de leur localisation organique[1]. Mais la TBS ne porte pas sur la question nosologique de la classification des maladies *individuelles* (RH, 64). Il nous paraît juste que ces deux premières critiques sont liées à une insuffisante prise en compte des objectifs de Boorse et de la spécificité du concept qu'il entend définir : un concept *général*, le pathologique et non pas les maladies *individuelles*, un concept *théorique* et donc partiel (ne prétendant pas couvrir tous les usages du terme) et *analytique* (vaut pour les

1. Voir par exemple J. Scadding : « Health and Disease: What Can Medicine Do for Philosophy? », *Journal of Medical Ethics*, 1988, n° 14, p. 118-124.

parties de l'organisme). Mais il reste un troisième type de critique sur la nécessité du dysfonctionnement que Boorse s'est lui-même adressé. Il existe des anomalies *structurales* présentes dans la *Nomenclature* médicale qui sont pourtant compatibles avec un fonctionnement normal, comme par exemple l'absence congénitale d'appendice ou la calcification de la glande pinéale. Il y a aussi un grand nombre de difformités mineures qui ne troublent pas le fonctionnement normal comme des tumeurs internes et bénignes. La définition laisserait ici de côté un certain nombre d'états pourtant classés comme pathologiques par la médecine. Adoptant ici une approche plutôt constructive que descriptive, il suggère que ces difformités mineures ne devraient tout simplement pas figurer dans la *Nomenclature* médicale.

La distinction entre concepts pratiques et théoriques. – D'autres critiquent la pertinence de la distinction entre concepts pratiques et théoriques, soit entre deux niveaux de description, pathologique et clinique, ou défendent « une théorie inverse » en donnant la priorité au niveau clinique. C'est alors la question du statut épistémologique de la médecine et de la place des disciplines théoriques et scientifiques en son sein (RH, 44-58). La médecine serait pratique et technique car sa finalité est fondamentalement thérapeutique. Cette thèse est défendue par Engelhardt mais elle était aussi présente chez Canguilhem. Or pour Boorse, un tel argument vaut autant pour la médecine que pour de nombreuses autres sciences qui ont une finalité pratique. Nos recherches sont en effet motivées par des intérêts pratiques et il serait illusoire de penser que la science est désintéressée. Cela revient à confondre nos motivations pour étudier et la chose étudiée. Par suite, si la biologie est jugée aussi normative que la médecine, la question concerne une divergence fondamentale sur la conception de la science et il s'agit d'un débat beaucoup plus général sur la nature de la science qui dépasse l'enjeu de la définition du concept théorique de maladie. Si en revanche il y a une spécificité de la médecine relativement à la biologie, l'objection est plus sérieuse. Mais Boorse considère qu'il n'a pas encore trouvé d'objection solide dans cette ligne argumentative (RH, 56-58).

Le concept de fonction. – En philosophie de la médecine, les critiques sur son concept de fonction ont surtout concerné la restriction des buts de l'organisme à ceux de la survie et de la reproduction. En posant que ces buts sont ceux auxquels s'intéresse le physiologiste n'introduit-on pas de la normativité ou tout au moins une part d'arbitraire ?[1] Dans la nature, ces buts sont-ils ainsi déterminés ? Les biologistes décrivent de nombreux autres états des organismes qui ne sont pas soumis aux buts de la survie et de la reproduction comme par exemple, une sexualité non reproductive,

1. Voir par exemple : W. M. Brown, « On Defining Disease », *Journal of Medicine and Philosophy*, 1985, n° 4, p. 315. Pour la réponse à ces objections par Boorse : RH, 23-28.

le fait de se nourrir *pour* se nourrir, etc.[1] Du côté de la philosophie de la biologie, d'importantes critiques concernent plus spécifiquement la pertinence de son concept non normatif (au sens inflationniste : il prétend ne pas faire appel à l'histoire sélective) de la fonction biologique. Pour Karen Neander, précédemment évoquée, le concept statistique de fonctionnement normal ne permet pas de fonder la distinction entre le fonctionnel et le dysfonctionnel ; seul un concept normatif et étiologique de la fonction – selon lequel la fonction d'un trait est l'effet qui est responsable de la sélection de ce trait – le permettrait[2]. Mais pour Boorse, les objections sur son concept biologique de fonction n'affectent pas directement la TBS puisqu'il considère qu'il y a une indépendance entre son analyse du concept de fonction (philosophie de la biologie) et son analyse du concept de maladie (philosophie de la médecine) et que la TBS pourrait très bien valoir avec un autre concept de fonction. Par ailleurs, dans la mesure où son analyse conceptuelle a pour but de *décrire* et *expliquer* le concept de la médecine théorique, si ces objections s'avéraient bonnes, elles n'atteindraient pas d'abord la TBS mais mettraient avant tout en évidence que la médecine repose sur de mauvais concepts biologiques (RH, 28).

1. M. Ereshefsky, « Defining "Health" and "Disease" », *Studies in the History and Philosophy of Biology and Biomedical Sciences*, 2009, n° 40, p. 221-227.
2. « The Teleological Notion of "Function" », art. cit.

La normalité statistique. – En dépit des améliorations que permet son articulation à la notion de fonction biologique, ce concept continue de poser un certain nombre de difficultés. 1/ Le fondement biologique de l'uniformité fonctionnelle. La notion de normalité biologique et le concept d'espèce comme idéalisation statistique présupposent une homogénéité et la possibilité d'identifier des traits propres à tous les membres d'une même espèce qui ne semblent pas compatibles avec la grande variabilité mise à jour par la synthèse moderne de la théorie de l'évolution, en particulier, le caractère massif de la variabilité génétique intraspécifique[1] : ce ne sont ni l'homogénéité ni la ressemblance qualitative mais bien l'hétérogénéité et le lien généalogique qui l'emportent[2]. Avec un tel concept d'espèce, Boorse reviendrait à une « pensée typologique »[3], pourtant dépassée et abandonnée par la plupart des systématiciens et philosophes contemporains de la biologie. Si la réponse de Boorse sur ce point, qui repose sur la distinction opérée entre *essentialisme* et *typologie* est convaincante (RH, 39), il reste que l'uniformité

1. Voir par exemple, D. Hull, « On Human Nature », *Philosophy of Science Association*, 1986, p. 3-13; R. Amundson, « Against normal function », *Studies in History and Philosophy of Biology & Biomedical Sciences*, 2000, n° 1, p. 33-53.

2. Voir par exemple, D. Hull, « A Matter of Individuality », *Philosophy of Science,* 1978, n° 45, p. 335-360.

3. Pour la distinction entre « pensée populationnelle » et « pensée typologique », voir Ernst Mayr, « Typological versus Population Thinking », in *Evolution and the Diversity of Life*, Harvard University Press, 1976, p. 26-29.

fonctionnelle de l'espèce et l'idée selon laquelle l'évolution conduit typiquement un trait ou un processus fonctionnel à sa stabilisation, empêchant les variations de se répandre (« sélection normalisante »), demeurent peu justifiées et semblent bel et bien faire appel à un composant évolutionnaire qu'il voulait pourtant éviter pour son concept non normatif de fonction.

2/ Une collusion entre différentes notions statistiques et techniques de la *normalité*, comme la *distribution normale* et l'*intervalle normal* de référence. Leur pertinence pour le fonctionnement biologique ne semble pas interrogée. Une difficulté concerne pourtant le présupposé de la forme normale ou gaussienne de toute distribution de fréquence de l'efficacité fonctionnelle des traits individuels. Cette forme est certes requise sur un plan mathématique pour le calcul des limites de l'intervalle de référence, mais est-ce bien la forme prise par les distributions empiriques des efficacités fonctionnelles ? Si l'on considère diverses mesures successives de l'efficacité d'un trait fonctionnel sur un même individu, on peut raisonnablement penser que la courbe s'approchera de la forme théorique de la courbe des erreurs de mesure définie par Gauss, mais cela apparaît plus difficile pour des mesures successives sur différents individus ; il manque quoi qu'il en soit des données pour justifier une telle affirmation qui n'est pas plus empiriquement[1] que

1. En outre, comme Boorse le fait lui-même remarquer, en médecine, les tests utilisés mesurent plutôt le processus de la fonction que son efficacité (RH, 50). Sur tout cela, voir H. Wulff,

théoriquement fondée. Par ailleurs, la courbe théorique de Gauss embrasse des valeurs à l'infini négatif et positif ; ce qui n'est pas le cas des variables biologiques. L'idée que toute distribution statistique d'un trait humain a, par nature, une forme gaussienne a acquis en médecine une sorte de statut de dogme dont l'origine remonte à Adolphe Quételet. C'est lui qui aurait transposé la courbe des erreurs de mesure de Gauss à la distribution de données biologiques et anthropologiques. C'est ensuite le mathématicien Karl Pearson qui l'aurait baptisée courbe « normale ». Edmund Murphy montre que ces glissements de vocabulaire reposent sur divers présupposés que la collusion de différents sens de *normalité* tend à faire oublier[1]. Aussi, la centralité de la courbe de distribution normale dans la TBS ressemblerait-elle davantage à la justification d'un dogme solidement ancré en *médecine clinique* qu'à une *explication* ou *description* de la théorie implicite de la *physiopathologie*.

3/ Les « pathologies universelles ». Premièrement, si la santé est le fonctionnement statistiquement typique du *design* d'une classe de référence, comment rendre

S.A. Pedersen, R. Rosenberg, *Philosophy of Medicine: An Introduction*, Oxford, Blackwell Scientific Publications, 1986, p. 40.

1. Dans une analyse critique du concept de normalité, Murphy souligne l'importance de distinguer sept sens dont trois à prétention descriptive : (1) avoir une distribution normale (courbe de Gauss), (2) être le plus représentatif de sa classe (moyenne, médiane, mode) ; (3) l'intervalle de référence, c'est-à-dire la moyenne avec un écart de deux déviations standard. *The Logic of Medicine*, *op. cit.*, p. 145-148 et p. 320.

compte des formes fréquentes de dysfonctionnements considérés comme pathologiques par la médecine ? Boorse identifie la question des pathologies fréquentes comme les caries et l'irritation pulmonaire (dans la population entière), l'athérosclérose (dans le sous-groupe des personnes les plus âgées) et l'hypertrophie bénigne de la prostate (dans le sous-groupe des individus de sexe masculin), comme étant les plus problématiques pour la TBS. Pour résoudre le problème de la première catégorie (caries et irritation pulmonaire), Boorse a ajouté *une clause environnementale* dans sa définition : le pathologique peut aussi être « une limitation d'une capacité fonctionnelle causée par des agents environnementaux » (HTC, 567). Or cette clause soulève d'importantes difficultés. Tout d'abord, comme l'a bien souligné Marie-Claude Lorne, pour parler de « limitation », il semble nécessaire de faire référence à une norme non statistique[1]. Ensuite, cette clause environnementale présuppose la possibilité de distinguer les causes internes des causes externes, distinction problématique. À cause de ces difficultés, Boorse concède qu'il est probablement préférable de se passer de cette clause et de considérer que la médecine ne devrait pas reconnaître ces états comme pathologiques, ou alors, d'accepter que la médecine repose sur une science dépassée. Ces pathologies ne représenteraient de toute façon qu'« une part infinitésimale du domaine du pathologique » (RH, 86). Or il ne s'agit pas pour autant

1. *Explications fonctionnelles et normativité, op. cit.*, p. 92.

d'un petit nombre de personnes ! Pour la seconde catégorie des « pathologies universelles », l'hypertrophie bénigne de la prostate et l'épaississement des artères après un certain âge, ce qui est en réalité troublant selon Boorse, c'est que la médecine n'utilise pas une *troisième classe de référence* pour les personnes âgées. Ces deux états seraient dès lors appréhendés comme normaux pour cette classe de référence, car pour Boorse, vieillir est naturel et ne saurait relever du pathologique (HTC, 567 ; RH, 86, 90). Ceci n'empêcherait pas qu'ils fassent l'objet d'une prise en charge médicale. Mais, tout d'abord, cette modification conduit à nouveau Boorse à adopter une posture réformatrice plus que descriptive. Ne conviendrait-il pas plutôt de considérer, à partir de ce cas, que la médecine théorique ne réfère pas d'abord ses énoncés à une classe naturelle de référence, *population abstraite* dont la définition est bien théorique, mais tient plutôt compte des *populations concrètes* et de leurs évolutions telles celles aussi importantes dans les pays occidentaux les plus développés que les transitions démographiques et épidémiologiques observées au début du XXe siècle ? Dans la médecine contemporaine, l'analyse épidémiologique des phénomènes de santé qui relativise leur caractérisation à une population concrète prend de l'importance aux côtés de l'analyse physiopathologique. Ensuite, une troisième classe de référence ne résoudrait pas tout car il est très difficile de dissocier, aussi bien sur un plan théorique que pratique, processus dégénératifs normaux et pathologiques chez les personnes âgées.

Deuxièmement, on peut interroger de manière plus fondamentale la pertinence même du critère fréquentiste : est-il satisfaisant, même d'un point de vue strictement théorique, de considérer certains états dont les conséquences sont négatives comme *normaux*, simplement parce qu'ils sont *fréquents* pour telle classe de référence ? N'est-il pas nécessaire d'introduire comme le suggère Peter Schwartz, préférant parler du « problème des pathologies communes », au moins un critère de « conséquences négatives », c'est-à-dire l'effet qu'un niveau donné de fonctionnement a sur l'organisme ?[1]

Santé et environnement. – Quelle place Boorse fait-il à l'environnement en dehors de la clause environnementale pour résoudre l'objection des « pathologies universelles » ? Comment Boorse parvient-il à intégrer une part de relativité de la santé à l'environnement, sans être conduit au relativisme qu'il critique comme inévitable dans la notion de santé comme capacité d'adaptation (ou adaptabilité) ? Deux cas dans lesquels la définition pourrait être mise en difficulté sont à distinguer : nous considérons successivement celui de la mauvaise adaptation

1. « Defining Dysfunction: Natural Selection, Design, and Drawing a Line », art. cit. En réalité, les pathologies fréquentes qui posent problème à la TBS ne sont pas tant celles qui seraient *universelles* (d'ailleurs de telles pathologies existent-elles en réalité ?), ni même *très fréquentes* (plus de 50 %) mais, celles qui le sont suffisamment pour dépasser les limites des 5 %, c'est-à-dire entre 10 % et 20 % d'une classe de référence : c'est le cas des pathologies modernes comme l'obésité, les maladies cardiovasculaires et les cancers mais aussi certaines formes de sénilité précoce comme la maladie d'Alzheimer, pathologies liées à la fois au vieillissement et aux changements de modes de vie.

d'origine évolutionnaire *(maladaptation)* et celui de l'adaptation physiologique. 1/ Pour l'objection concernant le cas où le fonctionnement, bien que typique (et donc en principe normal), suite à un changement massif et durable dans l'environnement, met en danger la survie et la reproduction de l'espèce, la réponse de Boorse consiste à maintenir qu'il s'agit bien d'une *mauvaise adaptation* et non pas d'un *dysfonctionnement* (et donc d'une maladie). Il peut y avoir des *mauvaises adaptations* qui sont *normales* car l'organisme humain n'est pas fait pour vivre dans tous les environnements possibles. Elles peuvent être éventuellement considérées comme relevant d'une santé suboptimale. Il s'agit en réalité d'un problème *d'adaptabilité* et non pas *d'adaptation typique*. Seule cette dernière est un critère valable de santé : « La santé est une question d'adaptations typiques de l'espèce et non pas une adaptabilité à des environnements particuliers » (RH, 88). Boorse affirme que notre physiologie et notre psychologie sont celles qui ont évolué pour s'adapter au mode de vie des premières sociétés de chasseurs-cueilleurs (RH, 66)[1]. Aussi, pour permettre la distinction entre *mauvaise adaptation* et *dysfonctionnement* (et entre adaptabilité et santé), Boorse est-il conduit à donner une précision sur l'extension temporelle de l'espèce. La classe de référence à laquelle les énoncés physiologiques sont relativisés est une abstraction empirique réalisée à partir de membres passés et présents de l'espèce. Il parle tout d'abord de millénaires (HTC,

1. Aux yeux de Boorse, des changements dans le mode de vie, même s'ils concernent toute une population, n'atteignent pas le *design* naturel de l'espèce car « la civilisation occidentale contemporaine n'est qu'un clin d'œil dans l'histoire de l'humanité ». Ceci lui permet d'exclure du pathologique des traits fréquents dans nos populations occidentales (« une absorptivité non régulée de l'intestin grêle, un amour excessif de l'oisiveté »), bien qu'ils ne soient plus adaptés à notre environnement actuel et rendent plus probables certaines pathologies (« obésité, hypertension »). (RH, 66-67)

563). Puis, en réponse aux critiques de Neander, il affirme que cette durée doit être « significative de l'histoire récente » et en même temps, « dépasser une tranche d'âge d'une vie ou deux » (RF, 99). Il demeure donc plutôt vague, un vague qu'il affirme partager avec le concept d'espèce qu'utilisent les paléontologues (RH, 66). Mais comme le souligne bien M. C. Lorne, en élargissant la classe de référence aux membres passés de l'espèce, il réintroduit subrepticement, là encore, (comme dans la référence à la « sélection normalisante » pour justifier l'uniformité fonctionnelle du *design* d'une espèce), « une norme non statistique de fonctionnement définie par l'action de la sélection naturelle relativement à un environnement passé » et se rapproche alors des conceptions étiologiques et normatives de la fonction que pourtant il rejette[1].

2/ Dans le cas de l'adaptation physiologique, ou plus précisément, des réactions ou de la variabilité normale de l'organisme en réponse à des variations environnementales, le problème est celui de la démarcation entre les variations normales et les variations pathologiques ; la frontière devient ici extrêmement variable et relative. Pour Boorse, sa théorie rend compte des mécanismes physiologiques d'adaptation (RH, 78). Il distingue les mécanismes d'adaptation sur le court terme et sur le long terme. Pour les premiers, dont le stress environnemental est l'exemple classique, il y aurait une limite typique – définissable pour le *design* d'une classe de référence – au-delà de laquelle la variation introduirait une rupture dans l'équilibre homéostatique d'adaptation à l'environnement. Au-delà de cette limite, l'état est pathologique. Pour les seconds, il serait absurde de considérer que s'il y a eu un changement brutal d'environnement, l'état non adapté est pathologique. Boorse reprend l'exemple proposé par Engelhardt de l'adaptation de son organisme à une forte exposition à la chaleur pour un Norvégien qui débarque

1. *Explications fonctionnelles et normativité*, *op. cit.*, p. 87-90 et p. 100.

en Afrique. Avoir une peau déjà bronzée est un avantage. Pour autant ne pas avoir ce teint n'est pas pathologique. En revanche, une incapacité à s'adapter sur le long terme est pathologique car cela fait partie des capacités fonctionnelles normales de l'organisme de s'adapter progressivement à de plus grandes chaleurs (RH, 80). Mais ne reste-t-il pas nécessaire de préciser *pour quels types d'environnement* une réaction physiologique est fonctionnelle et donc, *normale* ? Il y a des circonstances dans lesquelles il est *normal* que l'organisme ne s'adapte pas, que ce soit à court ou à long terme. Boorse prend ici l'exemple de l'exposition à une chaleur disons, de 60 ou 90 degrés Celsius : la réaction pathologique de l'organisme est ici statistiquement normale. Il concède que la relativisation de son concept de santé à l'espèce ne suffit probablement pas à caractériser quels environnements sont normaux pour une espèce donnée et qu'il serait utile, comme l'a suggéré Norman Daniels[1], d'introduire un concept *d'environnement normal* : « Il est clair qu'il y a des environnements statistiquement anormaux pour chaque espèce. Il est tout aussi clair que pour la médecine il est impossible de vivre normalement dans certains d'entre eux » (RH, 83). Un tel environnement pourrait être statistiquement défini et ne mettrait donc pas en péril l'objectivité de la TBS. Ce concept compléterait la définition : « [...] donc, au pire, la TBS doit ajouter une règle selon laquelle, une fonction statistiquement inférieure à la normale pour une espèce (dans le sens habituel d'une limite inférieure de la courbe distribution choisie arbitrairement) est pathologique, si elle résulte d'un facteur environnemental qui se situe en dehors des limites arbitrairement choisies de l'intervalle statistique central de ce facteur dans l'environnement dans lequel l'espèce vit » (RH, 84). Or, comme l'a bien montré M. C. Lorne, la définition *statistique* d'un environnement pose de redoutables difficultés : rien n'empêche que des environnementaux peu hospitaliers

1. « Health Care Needs and Distributive Justice », *Philosophy and Public Affairs*, 1981, n° 10, p. 156.

soient statistiquement normaux et surtout, les environnements normaux sont eux-mêmes infestés de facteurs environnementaux qui provoquent des maladies comme les virus ou les bactéries[1]. Là encore, le critère statistique pourrait bien se révéler insuffisant, même adossé au fonctionnement biologique.

1. *Explications fonctionnelles et normativité, op. cit.*, p. 93.

La théorie holistique de Lennart Nordenfelt

Comme nous l'avons précédemment évoqué, bien que la théorie de la santé de Lennart Nordenfelt soit souvent caractérisée comme relevant d'une version modérée du normativisme, il préfère la désigner comme *holistique*. L'individu comme sujet d'action est au centre de sa théorie de la santé qu'il définit à partir de la notion de *capacité (ability)*. Il nous semble que l'inscription de sa théorie au sein d'une philosophie de l'action lui permet de déplacer l'opposition entre *normativisme* et *naturalisme*, mais aussi la tension entre normes *biologiques* et normes *sociales*. G. Canguilhem avait initié ce déplacement en substituant aux catégories de la qualité et de la quantité celle de la possibilité ou capacité. L. Nordenfelt revendique une deuxième importante inspiration pour cette manière de définir la santé : celle du philosophe finlandais Ingmar Pörn, qui s'inspirait lui-même de la conception du sociologue américain Talcott Parsons. Selon Nordenfelt, I. Pörn est le premier à définir la santé comme la capacité d'un sujet à réaliser ses buts à partir d'une *théorie de l'action*[1]. Pour

1. L. Nordenfelt, « Philosophy of Medicine, 5 questions », Manuscrit remis par l'auteur.

Pörn, nos actes sont constitués de deux relations fondamentales : celle de l'individu avec son *environnement*, et celle de l'individu avec lui-même, ou plus précisément, avec les *buts* qu'il a l'intention d'atteindre[1]. La santé est alors un concept intrinsèquement relationnel et composé de trois éléments fondamentaux : *l'agent* (plus précisément, sa capacité à agir), ses *buts* et son *environnement*[2]. Nordenfelt se démarque cependant de Pörn en précisant et restreignant les notions de buts (les « buts vitaux [*vital goals*] ») et d'environnement (« circonstances[3] acceptées »), mais aussi celle de capacité qui convient pour la santé. Il définit alors plus précisément la santé comme *la capacité qu'une personne a, dans des circonstances acceptées, de réaliser ses buts vitaux, c'est-à-dire, nous le verrons, ceux nécessaires et suffisants pour vivre un bien-être (welfare) minimal et durable.* Ainsi, dans cette théorie de l'action, les notions de « normativité vitale » et de « capacité normative » introduites par Canguilhem se trouvent conceptualisées dans les termes de la relation des capacités d'un sujet à ses buts vitaux. La *normativité* est ici avant tout fondée dans

1. I. Pörn, « An Equilibrium Model of Health », art. cit. ; et surtout, « Health and Adaptedness », *Theoretical Medicine and Bioethics,* 1993, n° 14, p. 295-303.

2. Cette triangulation est aussi présente dans l'analyse d'Engelhardt bien qu'il ne l'inscrive pas dans une théorie de l'action. Engelhardt, « The Concepts of Health and Disease », art. cit.

3. Nordenfelt précise qu'il préfère le terme de « circonstance » pour tout ce qui réfère aux capacités d'action et le terme d'« environnement » pour les processus organiques (LHC, 208-209).

l'intentionnalité d'un sujet plutôt que dans la biologie. Par ailleurs, le concept de *bien-être (welfare)*, qui équivant pour l'être humain à celui de *bonheur*, devient essentiel à la définition de la santé. Nous verrons comment la notion de « buts *vitaux* » permet de délimiter la santé relativement au bonheur, sans toutefois retrouver le caractère restrictif des buts biologiques (survie et reproduction) de la théorie fonctionnaliste de Boorse.

Capacité et circonstances acceptées

Capacité et opportunité. – Pour Pörn, une personne est en bonne santé si elle est capable de réaliser ses buts dans l'environnement dans lequel elle se trouve et que la relation entre sa capacité et son profil de but est *équilibrée*. Nordenfelt critique cette définition qu'il juge trop large et qui tend à confondre santé et adaptabilité, santé et liberté (*NH*, 209)[1]. Une *capacité* est ici conçue comme un *pouvoir* au sens d'une *possibilité pratique*. Or que dire des situations dans lesquelles il y a impossibilité pratique pour un sujet de réaliser ses buts, sans que ce dernier soit pour autant en mauvaise santé ? Il peut en effet y avoir des facteurs extérieurs

1. La santé comme relation d'équilibre ne permet pas non plus de rendre compte des cas où il y a un excès des capacités sur les buts et qui ne sont pourtant pas des cas de mauvaise santé (*NH*, 66). C'est le même problème que celui du *fonctionnement optimal* évoqué à propos de la TBS.

qui entravent son action. Nordenfelt prend l'exemple des piquets de grève : une personne est ici dans l'*impossibilité pratique* d'aller travailler sans être pour autant dans l'incapacité de travailler et être ainsi en mauvaise santé. Une définition de la capacité comme la *possibilité pratique* de s'adapter à tout environnement est donc trop large pour caractériser la santé. Il convient de préciser le sens de la *possibilité* contenue dans la notion de capacité. Nordenfelt distingue six sens (*NH*, 41-43) : la *possibilité logique* (« 9 *peut* être divisé par 3 »), la *possibilité épistémique* (« pour autant que je sache, il *peut* très bien avoir 30 ans »), la *possibilité physique* (« les hommes ne *peuvent* pas survivre sans oxygène »), l'*autorité* (« cette université *peut* délivrer des diplômes de doctorat »), la *capacité* (« John *peut* apprendre le russe »), l'*opportunité* (« Peter *peut* maintenant traverser la rue »). La *possibilité pratique* serait, quant à elle, la réunion des deux derniers sens : capacité et opportunité. Ainsi, tout d'abord, ces distinctions permettent de souligner que la capacité n'est pas tout type de possibilité d'action mais renvoie à un sens précis et restreint. Pour la santé, c'est bien ce sens précis de la capacité qui convient : quand on se demande si une personne est en bonne santé, on ne se demande pas s'il lui est *pratiquement possible* de réaliser un certain ensemble d'actions, mais on veut plutôt savoir si elle est *capable* de le réaliser. Par ailleurs, Nordenfelt considère que, traditionnellement, la signification de la notion de santé est étroitement associée au corps ou à l'esprit. Cette question au sujet de la capacité peut alors être précisée de la façon suivante : « est-ce que les ressources internes – corporelles et mentales – pour réaliser les actions en question sont suffisantes ? » (NH, 46). La capacité est ici définie comme « le type de possibilité pour agir qui est déterminé par des facteurs internes au corps et à l'esprit de l'agent » (NH, xiv). Ceci permet donc d'isoler *un aspect* de la liberté signifiée par le concept de santé comme possibilité pratique qu'un sujet a de réaliser ses buts (NH, 209). Ensuite, la distinction entre *capacité* et *possibilité pratique* permet de mettre en évidence que la présence de la capacité ne suffit pas pour inférer la possibilité pratique : il faut ajouter la présence de l'*opportunité*, définie comme l'absence d'empêchement extérieur. Ceci permet d'expliquer que quelqu'un peut très bien être *capable* de réaliser *F* et pourtant ne pas *pouvoir* le faire s'il essaie, à cause de l'absence d'opportunité, comme dans le cas de notre travailleur qui se trouve face à un piquet de grève en se rendant sur son lieu de travail.

L'environnement ou les circonstances acceptées. – Outre cette précision sur la notion de capacité qui convient pour le concept de santé, il est nécessaire de préciser les circonstances de son exercice. Il s'agit de circonstances standard ou acceptées. En effet, elles doivent être ni artificiellement créées, ni extraordinaires, car il suffirait de les modifier pour que pratiquement n'importe qui soit capable de faire presque n'importe quoi. Or, nous ne considérons pas que des circonstances extraordinaires sont compatibles avec l'idée de santé. Cela est particulièrement mis en évidence dans l'étude du handicap. Il est en effet contre-intuitif de considérer qu'un paralysé installé dans une chaise roulante est *capable* de se déplacer même si, en effet, la chaise roulante lui donne le pouvoir et la *possibilité pratique* de le faire. De même, si nous voulions dire d'un écolier qu'il est *capable* de piloter un aéroplane, nous n'inclurions pas la situation extraordinaire dans laquelle il pourrait avoir été préparé de manière soutenue et pourrait être accompagné par un pilote adulte pour la manipulation des divers instruments et techniques de pilotage. Nous voulons dire qu'il est *capable* de piloter dans des circonstances *standard* ou *acceptées* (NH, 47-48). Cette restriction de la classe des circonstances, à celles *standard* ou *acceptées* par une société, est nécessaire pour obtenir un concept de santé qui ne dévie pas trop du sens qu'il a dans notre langage ordinaire. Mais se pose alors le problème de la définition de ces circonstances standard, problème déjà rencontré dans la théorie de Boorse. Nous reviendrons sur cette définition qui, d'après Nordenfelt, repose sur des éléments statistiques mais nécessite aussi l'introduction de composants normatifs. Soulignons simplement ici que la notion de circonstances ou d'environnement inclut des dimensions naturelles et sociales et qu'elle est, pour partie, culturellement et socialement définie. Mais ne risque-t-on pas ici de rendre le concept de santé trop relatif à une société donnée et de mettre en difficulté la définition d'un concept théorique et général de santé ? Jusqu'où peut-on affirmer qu'un individu peut être en bonne santé dans un environnement donné et malade dans un autre ?

Capacités de premier-ordre et de second-ordre. – La relativisation de la capacité à un environnement standard et la relativité culturelle et historique de la définition de ce dernier impliquent qu'un individu pourrait bien, avec la même constitution physique et mentale, être en bonne santé dans un environnement *E* et, en mauvaise santé dans un environnement *E'*. Or la notion de santé que nous utilisons n'est pas aussi relative que cela. Nordenfelt prend l'exemple de la situation d'un réfugié politique qui, alors qu'il pouvait dans son pays d'origine cultiver la terre et ainsi subvenir aux besoins de sa famille, est dans *l'incapacité* de poursuivre cette activité dans son pays d'accueil. Dira-t-on pour autant qu'il était en bonne santé chez lui et qu'il est devenu malade dans le pays d'accueil ? La distinction entre *capacité de premier-ordre* et *capacité de second-ordre* et le privilège donné à la seconde pour le concept de santé permettent à Nordenfelt de restreindre quelque peu la relativité de la capacité à l'environnement. La *capacité de premier-ordre* renvoie à la capacité présente ou actuelle, le pouvoir immédiat d'exécuter une compétence fondamentale. La *capacité de second-ordre* désigne une capacité potentielle (LHC, 208) ; voici sa définition : « *A* a la capacité de second-ordre de réaliser une action *F* si et seulement si *A* a la capacité de premier-ordre de suivre un programme de formation qui, une fois réalisé, lui donnera la capacité de premier-ordre de faire *F* » (NH, 50). Ainsi, il est possible qu'une personne n'ait pas la capacité de premier-ordre (actuelle) de réaliser une action particulière tout en ayant la capacité de second-ordre (potentielle) : cela signifie en effet qu'elle peut acquérir, par entraînement ou par formation, la capacité (de premier-ordre) de réaliser cette action[1]. Une capacité de second-ordre est donc compatible avec une incapacité de premier-ordre, ce qui n'est pas inversement vrai ; elle est par suite plus essentielle que la capacité de premier-ordre et c'est elle qu'il convient de retenir pour définir la santé même si, de fait, en cas de maladie, les deux capacités sont très généralement absentes : « être en bonne santé, c'est avoir au moins une capacité de second-ordre de réaliser un certain ensemble d'actions. Être malade, c'est avoir perdu ou, en général, ne plus avoir une ou plusieurs des capacités de second-ordre » (*NH*, 53). C'est la capacité de second-ordre qui se rapproche le plus des « facultés [*capabilities*] humaines biologiquement fondées » (NH, 51).

1. Il ne faut toutefois pas confondre la notion de capacité de second-ordre avec celle de *compétence fondamentale* qui implique que l'on sache *comment* faire quelque chose. On peut continuer d'avoir une compétence fondamentale dans un domaine donné tout en étant privé des deux ordres de capacité. Nordenfelt prend l'exemple du footballeur qui, ayant les deux jambes cassés n'a aucune des deux capacités mais conserve malgré tout la *compétence* de jouer au football (NH, 51).

Les buts vitaux

À ces notions de capacité et de circonstances acceptées, il convient d'ajouter celle des buts, c'est-à-dire l'ensemble des actions qu'un individu en bonne santé est censé avoir la capacité d'accomplir. C'est ce que Nordenfelt désigne par « buts vitaux [*vital goals*] ». Il distingue les sens factuel et idéal de la notion de but. Dans son sens factuel, le but est « une situation qu'une entité a, dans les faits, tendance à approcher » (*NH*, 17). C'est ce sens qu'utilise Boorse pour définir la fonction physiologique. Pour sa définition, Nordenfelt utilise son sens idéal, c'est-à-dire son sens humain ordinaire qui renvoie à une intention ou à un désir. Dans le contexte d'une philosophie de l'action, il l'utilise comme synonyme d'action intentionnelle. Le discours en termes de but sert ici comme un variant du discours en termes d'action (*NH*, 53-54). Il évite d'énumérer les actions spécifiques et simplifie la communication. Mais quel est cet ensemble d'actions contenu dans la notion de buts vitaux ? Avant de donner sa propre définition, Nordenfelt commence par critiquer deux principales définitions : l'une, objective, repose sur la notion de besoins humains fondamentaux, et l'autre, subjective, repose sur les buts que se donne l'agent (*NH*, 57-76).

Les besoins fondamentaux. – L'avantage de la notion de *besoin*, dont le sens général est d'être « une condition nécessaire pour la réalisation d'un but » (*NH*, 58), est qu'elle a une certaine objectivité du fait de sa dimension d'universalité ; il semble possible d'énumérer des besoins à partir d'une analyse de la nature humaine, plus précisément de la biologie et de la psychologie empiriques. On ne retiendrait que ceux qui sont communs à tous les êtres humains. Le problème de la détermination des buts vitaux aurait alors une solution objective. Nordenfelt prend l'exemple de la théorisation proposée en psychologie par Abraham Maslow. Ce dernier énumère six besoins fondamentaux universels : les besoins physiologiques, le besoin de sécurité, le besoin d'amour et d'appartenance, le besoin d'estime et celui de réalisation de soi (*NH*, 60). Cette énumération n'explique toutefois pas pourquoi ces éléments constituent des besoins fondamentaux, ni de quoi la nourriture, l'estime, la sécurité et l'amour sont la condition nécessaire. On peut assez aisément comprendre et expliquer que boire et manger font partie des conditions nécessaires à la *survie* d'un individu. Mais que dire de l'estime de soi et de l'amour ? Leur satisfaction serait une *pré-condition de la santé*. Dès lors, la satisfaction des besoins fondamentaux serait une condition nécessaire, soit de la *survie* de l'individu soit de sa *santé*. Mais alors, si l'on cherche à définir la santé à partir des besoins fondamentaux, on se trouve ici confronté à une circularité de la définition ! Cette définition des buts vitaux n'est donc pas pertinente pour le concept de santé.

Les buts subjectifs. – La deuxième définition serait plus pertinente. Elle consiste tout simplement à définir les buts comme ceux que le sujet se donne. C'est celle retenue par Ingmar Pörn et Caroline Whitbeck pour leurs théories de la santé qu'ils caractérisent comme ce « qui dépend de la relation entre la capacité d'une personne et les buts qui sont *les siens* » (NH, 60)[1]. L'avantage de cette conception subjectiviste est qu'elle permet de mieux tenir compte de la personne et de son individualité. Mais, elle conduit à une trop grande subordination du concept de santé à la subjectivité de l'agent. Nordenfelt met en évidence quatre difficultés. Premièrement, le sujet peut très bien avoir des *buts irréalistes* ou *irrationnels* et vouloir l'impossible. Or, bien que cette personne n'ait pas la capacité de réaliser ses buts, on ne saurait la considérer comme malade. Deuxièmement, un sujet peut au contraire n'avoir que des *ambitions très limitées ou triviales* et ainsi, réaliser tous ses buts. Les capacités du mourant résigné à son état, du comateux ou de la personne handicapée mentale sont en parfaite adéquation avec leurs buts. Ces exemples mettent en évidence que « nos intuitions ordinaires à propos de la santé impliquent un niveau minimal de *vitalité* » (NH, 75). Troisièmement, un sujet peut avoir des *buts*

1. Si pour Pörn, la santé est la *relation d'équilibre* entre la capacité d'une personne et ses buts subjectifs, pour Whitbeck, la santé est la *capacité (capacity)* qu'a une personne d'agir d'une manière contributive aux buts qu'elle s'est donnée.

contre-productifs ou conflictuels. On peut avoir diverses intentions qui entrent en contradiction ou qui nous sont préjudiciables. Par exemple, une personne peut désirer consommer de l'alcool mais ce désir entre en conflit avec celui de bien assurer son rôle professionnel. Ainsi, ces trois cas montrent que le fait qu'un but soit visé et désiré par un sujet ne suffit pas à le caractériser comme un but vital : il apparaît nécessaire de préciser la nature de ce but. Quatrièmement et dernièrement, une définition subjective des buts vitaux a en outre le défaut de ne valoir que pour les êtres humains, seuls susceptibles de décider volontairement de leurs buts. Or une bonne théorie de la santé pour Nordenfelt (comme pour Boorse) doit être aussi générale que possible et valoir aussi pour les plantes et les animaux.

Le bonheur minimal et durable et la définition de la santé.– Nordenfelt propose une définition des buts vitaux qui s'inspire de ces deux théories, mais tente d'en éviter les défauts grâce à l'introduction de la notion de bien-être minimal et durable. Pour l'homme le concept de bien-être équivaut à celui de bonheur. L'idée générale est la suivante : les buts vitaux sont ceux dont l'accomplissement est à la fois nécessaire et suffisant pour *un bonheur minimal et durable*[1]. L'introduction de

1. Pour sa conception du bonheur et des buts vitaux, Nordenfelt dit s'inspirer de W. Tatarkiewiçz, de E. Telfer et de J. Griffin (NH, 81).

cette notion permet à Nordenfelt, d'une part, d'élargir la première théorie des besoins fondamentaux au-delà de la survie et de résoudre le problème du cercle de la définition, et d'autre part, de préciser quels buts subjectifs sont pertinents pour le concept de santé. Mais, la définition des buts vitaux repose alors sur le concept de bonheur qu'il convient de définir à son tour. Tout d'abord, pour Nordenfelt, le bonheur est conceptuellement lié aux désirs et aux buts des êtres humains. Il en défend une conception subjective, en accord avec la tradition moderne. Le bonheur relève plutôt du sentiment, et plus particulièrement même de l'émotion, que du plaisir (*NH*, 81-88). Ensuite, il est possible de déterminer un bonheur *minimal* car le bonheur est un concept dimensionnel et même multidimensionnel. Si, pour certaines de ses dimensions comme la richesse et l'intensité, il ne semble pas y avoir de limite supérieure, il existerait toutefois une limite inférieure de l'acceptabilité d'une situation et par suite, la possibilité de délimiter une frontière entre bonheur et malheur. Le *bonheur minimal* se situe juste au-dessus de cette frontière. Pour ce bonheur minimal, il doit être possible de définir un ensemble de désirs ou besoins qui doivent être satisfaits car ils sont à la fois *hautement prioritaires* et ont des effets *durables* (*AAH*, 90). La *durabilité* introduit une discrimination dans les buts poursuivis par une personne et permettrait d'écarter ceux qui étaient problématiques dans la théorie subjective : les buts triviaux, contre-productifs et préjudiciables. Par ailleurs, les buts vitaux, à la différence de l'ensemble des buts qui contribuent au bonheur et dont ils ne constituent qu'une sous-catégorie, doivent pouvoir être atteints par le sujet lui-même. Dans le cas du bonheur, un autre que soi, et c'est le cas de la situation de prise en charge dans le soin, peut contribuer à ce que les buts du sujet soient réalisés.

Les trois éléments du concept de santé étant définis, Nordenfelt est en mesure de donner sa définition complète de la santé :

> « *A* est complètement sain, si et seulement si *A* est dans un état mental et physique qui est tel que *A* a la capacité de second-ordre, dans des circonstances acceptées, de réaliser le genre de choses qui sont nécessaires et suffisantes au bonheur minimal et durable de *A* » (*AAH*, 93).

Ainsi, cette définition des buts vitaux permet d'élargir la notion de santé au-delà du seul fonctionnement biologique et de la survie, tout en préservant de la confusion entre santé et bonheur à laquelle conduit la définition de l'OMS. Bien que très liées, ces notions de santé et de bonheur conservent une relative indépendance grâce à la délimitation de la classe des circonstances et de celle des buts. Avec cette définition, une personne peut très bien être en parfaite bonne santé et pourtant ne pas être heureuse à cause, par exemple, de circonstances très défavorables comme dans le cas d'une guerre ou d'un emprisonnement (*NH*, 90). Et réciproquement, la définition permet d'affirmer qu'une personne qui a une très mauvaise santé peut malgré tout être heureuse : son incapacité à satisfaire ses buts vitaux peut être compensée et assumée par d'autres personnes comme dans le cas du soin.

La composante normative du concept général de santé

Limites de la définition générale et théorique de la santé. – Les définitions théoriques des buts vitaux et des circonstances acceptées que nous venons de présenter demeurent partielles et constituent la limite ce qui est *théoriquement* déterminable pour le concept général de santé (NH, 127). En effet, tout d'abord, une définition générale laisse indéterminés les seuils précis au niveau individuel. Nordenfelt avait d'ailleurs d'emblée précisé que l'analyse conceptuelle ne saurait fournir une procédure opérationnelle permettant de déterminer si une personne donnée est malade ou non (NH, xiv). Ensuite, dès qu'il s'agit de préciser le contenu de ces notions, des composants *normatifs* entrent en jeu. La détermination précise des *circonstances standard* est le fruit d'une décision sociale et dépend du profil d'une société. La fréquence statistique est importante mais elle ne saurait suffire (NH, 49). Dès lors, cette définition varie historiquement et culturellement. Pour ce qui concerne la détermination des *buts vitaux*, les normes et valeurs interviennent au moment de la définition précise des limites du bonheur minimal et durable et notamment, la limite dans la quantité de ce qui est considéré comme nécessaire au bonheur minimal (par exemple, quelle quantité de nourriture ?) mais aussi, sur un plan plus qualitatif, dans l'identification de ce qu'on considère comme étant nécessaire au bonheur humain (*NH*, 91-92). Les valeurs et la culture que partagent implicitement les individus d'une même société permettent un certain consensus sur les degrés minimaux de bonheur, et ces degrés peuvent aussi être – et sont d'ailleurs déjà – explicités et décidés dans le cadre des politiques sociales des pays. Ainsi, « une analyse conceptuelle ne peut pas établir une fois pour toutes quels sont les buts vitaux de la santé. Elle peut seulement conduire au point précis que nous avons atteint dans notre discussion. Elle peut nous dire que la spécification ultime des buts vitaux doit être laissée à l'évaluation du bien-être » (*NH*, 79-80). Toutefois, ces limites de la définition théorique et la place faite à des composants normatifs dans la définition de la santé n'entraînent pas un *relativisme* ; le noyau que constitue le concept fondamental et général de santé ne s'en trouve pas modifié. Pour Nordenfelt, il s'agit d'une variation dans ce qu'on considère comme faisant ou non partie des buts vitaux, mais non pas dans la signification même des expressions ou notions de *but vital* ou de *santé*. La variation dans le contenu des termes d'une relation n'entraîne pas de modification dans la relation elle-même (*AAH*, 111-112). Il insiste sur le fait que c'est la classe de référence des gens sains qui varie et non la signification du concept (*NH*, 120, 122, 126). Ainsi, le contenu précis du concept de santé peut varier d'un pays à l'autre, mais cette variation n'implique pas que le concept de santé soit ambigu ou qu'il y ait plusieurs concepts fondamentaux de santé.

Une évaluation du bien-être (welfare). – Aussi est-il désormais possible de préciser en quel sens le concept de santé est dit « normatif ». La détermination précise des buts vitaux et des circonstances acceptées requiert une évaluation que Nordenfelt distingue bien de l'évaluation morale ou légale. Comme nous l'avons déjà souligné, la distinction entre ces diverses formes d'évaluation est bien l'enjeu de toute conception qui considère qu'il y a des composants normatifs et axiologiques dans le concept de santé, car comment en effet rendre compte sans cela du fait qu'on distingue bien parmi nos valeurs, celles qui relèvent de la santé et de la maladie, de celles qui relèvent du jugement moral et légal ? Pour Nordenfelt, la distinction entre ces valeurs, qui sont trop souvent confondues, en particulier quand il s'agit de la maladie mentale, s'établit premièrement grâce au concept de *capacité* qu'il faut bien distinguer de celui d'*activité* ou de *comportement*. Dans le domaine de la moralité ou de la légalité les jugements concernent des actions ou des comportements et non pas des capacités. Un menteur peut très bien être capable de dire la vérité. Un comportement déviant peut être un signe de maladie mais seulement si l'on peut déceler une incapacité fondamentale propre au sujet de cette déviance. Il n'est donc pas par lui-même le critère décisif de la présence de maladie (*NH*,

56-57). Deuxièmement, une distinction se fait à partir de la nature de l'évaluation : le type d'évaluation qui intervient dans la définition précise des buts vitaux et des circonstances acceptées est spécifique, il s'agit d'une « évaluation du bien-être », une évaluation *sui generis,* que Nordenfelt distingue bien de l'évaluation morale. Elle ne requiert pas, par exemple, que les buts vitaux aient un statut moral. Les valeurs associées aux buts vitaux sont même plutôt égocentriques, c'est-à-dire que la réalisation de ces buts donne avant tout satisfaction à l'agent lui-même (*NH,* 79). Ainsi la santé, étant avant tout définie comme une capacité, est distinguée d'une action ou d'un comportement qui s'accordent aux normes sociales, et les buts vitaux d'une personne n'ont pas besoin d'être identiques à ceux qu'une société prescrit (*NH*, 146). Toutefois, la société prend bel et bien part à cette évaluation du bien-être, une part qu'il convient donc de préciser.

La composante sociale de l'évaluation du bien-être. – Le jugement de santé n'est donc ni moral ni légal mais qu'en est-il du rôle de la société ? Une difficulté du normativisme est qu'il conduit à subordonner et relativiser fortement les concepts de santé et de maladie au contexte social et à la pratique médicale[1]. Nordenfelt apporte des clarifications utiles et pertinentes par son analyse des différentes manières dont la société

1. Voir Engelhardt par exemple : *The Foundations of Bioethics*, *op. cit.*, p. 218.

prend part à l'évaluation du bien-être. Il en distingue cinq (*NH*, 119-128). 1/ La société constitue une *plate-forme pour un jeu de langage*. Mais cette influence n'est pas pertinente pour l'analyse des concepts de santé puisqu'elle vaut pour tous nos concepts dès qu'ils sont exprimés dans un langage public. 2/ La société constitue le *contexte d'action* des individus, c'est-à-dire une part de l'environnement dans lequel la vie humaine se déploie. Cette influence est importante pour l'analyse du concept de santé puisque l'environnement est bien l'un des termes de la relation qui la constitue. 3/ La société joue aussi un *rôle actif d'évaluateur* même si attribuer la santé à quelqu'un relève généralement du jugement d'individus au sujet d'autres individus. Nordenfelt distingue les jugements de valeur *primaire* et *secondaire*. Dans une forme *primaire* du jugement de valeur, la société fournit un système de valeurs. Le jugement de valeur individuel évalue dans un sens *secondaire* en ce qu'il est influencé par le système de valeurs de la société à laquelle l'individu appartient mais n'ajoute pas de jugement qui lui serait propre puisqu'« il n'apporte pas l'évaluation ; il utilise un système donné de valeurs et en fait une application théorique pour un cas particulier » (*NH*, 122). 4/ La société peut jouer un *rôle d'évaluateur explicite* comme dans le cas des normes de santé qui sont décidées au niveau institutionnel et politique. 5/ La société est *un décideur à part entière* quand elle définit avec précision les buts vitaux et les circonstances acceptées. C'est par exemple ce qui se passe quand les autorités des assurances santé définissent la santé en se focalisant sur un seul but vital (la capacité du sujet à assurer son rôle professionnel), donnant ainsi un critère clair de définition, ou dans les recherches de l'OMS sur la classification internationale des maladies visant à établir une liste de « rôles de survie [*survival roles*] » que tout individu doit pouvoir remplir pour être considéré en bonne santé dans nos sociétés modernes. Mais, pour Nordenfelt, dans toutes ces influences, le noyau du concept fondamental de santé n'est pas atteint. En effet, comme nous l'avons précédemment expliqué, ce dernier n'est pas modifié, car la *relation* entre les trois éléments fondamentaux (capacité, environnement et buts vitaux) demeure identique. Seule varie, sous l'influence de la société, la classe de référence des individus qui seront considérés comme sains.

Les concepts de santé et de maladie : relations logiques et définitions

Nous avons présenté jusque-là le concept général et holiste, de santé. De ce concept fondamental, Nordenfelt dérive une multiplicité d'autres concepts de santé. Il y a tout d'abord le concept holiste de maladie *(illness)*, le concept qui vaut pour l'individu pris globalement, ou, plus précisément, la mauvaise santé *(ill health)*, c'est-à-dire le *contraire* de la santé telle que nous venons de la définir : « Une personne est malade à quelque degré, si et seulement si, il y a au moins un but vital que, étant donné les circonstances standard, elle ne peut pas atteindre » (NH, 145). Notons que la relation entre santé et maladie n'est pas *contradictoire*, tout au moins dans une interprétation dimensionnelle du concept de santé. Pour Nordenfelt, même s'il y a place pour une interprétation *non dimensionnelle*, c'est-à-dire un concept *absolu* de la santé (un sujet doit avoir la capacité dans des circonstances données de remplir *tous* ses buts vitaux), en particulier dans un contexte législatif – comme dans le cas de l'OMS qui définit la santé comme « santé complète » –, l'interprétation *dimensionnelle* est la plus naturelle, en particulier dans un contexte pragmatique de soins (NH, 97-98). Il y a donc place pour divers degrés de santé (de la santé minimale à la santé optimale) et donc divers degrés de maladie, en fonction du nombre et de la nature des buts vitaux qui ne sont pas remplis. La dimensionnalité n'est pas toutefois ici, comme pour le concept de bonheur, « ouverte » aux extrémités. Il y a bien des limites que donne la définition des buts vitaux : celle d'un seuil minimal de santé et celle, du seuil optimal, avec le bonheur.

Ensuite, du concept fondamental de santé sont aussi dérivés des *concepts analytiques et techniques* de maladie, ceux qu'utilise la médecine : pathologie, blessure et malformation. Nordenfelt maintient la distinction conceptuelle de Boorse entre le *pathologique (disease)* et la *maladie (illness)*, le pathologique désignant pour Nordenfelt la base psychophysiologique d'une incapacité et la maladie, les différentes sortes d'incapacités (NH, 109). Il définit la relation entre ces deux notions d'une manière différente que C. Boorse. Pour lui, le *pathologique* est *un processus corporel ou mental qui tend à compromettre la santé*, c'est-à-dire à *rendre malade* (*NH*, 108). Il précise qu'il s'agit d'un processus *interne et typique* pour le distinguer d'autres facteurs compromettant la santé. Outre, l'inversion de la priorité logique – puisqu'ici, la notion holiste de maladie *(illness)*, contraire logique de la santé – a la priorité sur la notion technique et scientifique du pathologique *(disease)* –, la relation est d'une autre nature : il ne s'agit pas seulement d'un changement de niveau d'organisation (de la partie ou de l'organe à l'individu) mais d'une relation causale et statistique. Avant d'expliquer le sens et les implications de cette définition du pathologique, précisons premièrement qu'elle vaut aussi pour les autres notions analytiques et techniques qu'utilise la médecine et que Boorse intégrait dans son concept large de *« pathologique »* : la *déficience*, la *blessure*, la *malformation*. En dehors de différences qui concernent leur ontologie (une *pathologie* est un processus, une *déficience* est l'état final d'une pathologie, une *blessure* est un changement ou un état qui a une cause externe, une *malformation* est un état congénital), ces notions ont en commun de référer à « des entités internes au corps et à l'esprit du sujet qui tendent à compromettre sa santé » (*NH*, 105) ou plus précisément encore, qui tendent *normalement* (au sens statistique) à causer une incapacité. Deuxièmement, cette définition médicale du *pathologique* permet aussi de faire place à des notions médicales holistes de *maladie (illness)* et de *santé* dont le sens est plus restreint que celui des concepts holistes, généraux et fondamentaux, définis précédemment, et qui sont alors étroitement liés au concept du pathologique. Dans son sens médical holiste, *une maladie (illness) est l'état de quelqu'un dont la santé est compromise par du pathologique au sens large* (pathologie, déficience, blessure, malformation). Pour davantage correspondre à l'usage habituel en médecine, il conviendrait même d'ajouter à cette définition, le critère de la *curabilité*. Voici la définition alors proposée : « *A* est malade (au sens médical) si est seulement si, *A* est, dans des circonstances standard, incapable de réaliser ses buts vitaux à cause de la présence d'au moins une pathologie que l'on considère en principe comme curable » (*NH*, 111).

Une définition du *pathologique* comme ce qui tend à rendre malade ou causer une maladie a plusieurs implications. Premièrement, en utilisant l'expression de « tendre à » pour désigner la relation entre le *pathologique* et la *maladie*, l'intention de Nordenfelt est bien de souligner tout d'abord son caractère non nécessaire : une pathologie n'entraîne pas toujours un état de maladie au niveau de l'individu. En effet, il y a des cas dans lesquels la progression d'une pathologie avorte ou des cas de pathologies silencieuses à leurs débuts. Il y a aussi des cas où des pathologies n'ont que de très légers effets sur les capacités générales de l'individu. Nordenfelt évoque pour finir les cas où des mécanismes de compensations pourraient intervenir chez un individu au point que le processus pathologique ne l'affecterait pas. Il convient ici de préciser que cette relation concerne la notion de pathologie au sens d'un *type* et non d'une *instance* particulière chez un individu, c'est-à-dire qu'elle doit être comprise comme l'affirmation selon laquelle « un type-pathologie *[disease-type] D* cause un état de maladie dans *la plupart* des cas quand il est instancié » et non pas « l'instance-pathologie *[disease-instance] I* de *D* conduira avec une grande probabilité à un état de maladie [*illness*] chez le porteur de *I* ». C'est à ce niveau qu'une généralisation et ainsi, une science médicale, sont possibles : « une présupposition d'une science générale du pathologique est qu'elle traite de *types* d'entités dont la plupart des instances entraînent un état de maladie » (*NH*, 106). Deuxièmement, cette relation constitue bien un fait statistique *(la plupart)* qui est objectivement déterminable, même si le concept de santé dont elle dérive initialement a une composante normative. La variation des buts vitaux d'une société à l'autre n'affecte pas cette fréquence statistique qui concerne la relation entre le *pathologique* et la *maladie* et fonde la grande généralité (et quasi-universalité) de nos nomenclatures médicales. Il y a place toutefois d'un pays à l'autre pour des différences liées aux contextes culturels. Nordenfelt prend l'exemple de la déficience en lactase qui est considérée comme une maladie en Suède et ne l'est pas dans la plupart des pays d'Afrique du Nord. C'est parce qu'en Afrique du Nord les gens boivent très rarement du lait que cette déficience ne rend donc que très rarement malade. En réalité, les cas dans lesquels le choix des buts vitaux influence la classification médicale des pathologies et conduit alors à des

« pathologies liées à la culture [*culture-bound diseases*] », sont très limités et spécifiques : ce sont les cas de pathologie locale, c'est-à-dire qui « n'entraînent pas une souffrance ou un mal-être général, mais affectent seulement une capacité spécifique à atteindre un but très particulier et qui est considéré comme vital dans un contexte donné, et non pas dans un autre » (*NH*, 107)[1]. En effet, la plupart du temps et dans la plupart des cas, les pathologies affectent l'ensemble des actions vitales et donc des capacités d'un individu ; et ainsi, toutes les capacités fondamentales étant affectées, il n'est pas très important d'identifier quels sont exactement les buts vitaux qui ne peuvent pas être atteints : « La plupart des pathologies frappent d'une façon si fondamentale et générale que la santé est normalement affectée par ces dernières, indépendamment de la manière dont on détermine les circonstances standard ou le niveau de bonheur minimal » (*NH*, 147). Par suite, excepté pour quelques cas spécifiques de « pathologies liées à la culture », une nomenclature générale et scientifique des pathologies est possible et des concepts scientifiques et

1. Nordenfelt propose aussi l'exemple de l'incapacité (pour des raisons physiologiques et non pas seulement par manque d'entraînement) qu'un individu aurait de remuer ses oreilles. On peut imaginer que dans la culture de cet individu, cette incapacité de second-ordre est importante car elle est l'élément d'un rituel religieux. La personne est alors dans l'incapacité de réaliser un but vital. Pour Nordenfelt, on peut considérer dans ce cas là que son incapacité est bien *pathologique*, même si ceci n'est vrai que pour cette société-là (*NH*, 107).

objectifs peuvent s'articuler au concept fondamental, humaniste et holiste, de santé.

Avantages et limites de la théorie holistique

Compatibilité avec les sciences médicales. – Pour Nordenfelt, la composante normative du concept fondamental et général de santé n'empêche ni ne ruine la possibilité que des concepts de santé aient un usage légitime dans les sciences médicales et qu'il y ait place pour des jugements empiriques de santé (*NH*, 147). Nous venons d'exposer la possibilité de dériver des concepts *scientifiques et techniques* de maladie et de santé à partir du concept fondamental de santé. Nordenfelt énumère aussi quatre considérations générales sur la nature et le statut de l'évaluation du bien-être qui montrent que la possibilité d'une science médicale n'est pas mise en cause par la relativité et la normativité de la définition du contenu précis des buts vitaux et des circonstances acceptées (*NH*, 80). 1/ Cette évaluation n'est pas laissée à l'arbitraire ni au hasard : elle peut être réalisée avec autant de rigueur qu'une investigation scientifique et par des méthodes empiriques[1]. Évaluer la santé ainsi définie

1. C'est d'ailleurs ce dont témoignent les travaux scientifiques sur les mesures de la qualité de vie auxquels Nordenfelt a pris part : *Concepts and Measurement of Quality of Life in Health Care*, Dordrecht, Kluwer Academic, 1994.

revient en effet notamment à évaluer si une capacité est adaptée aux buts d'une personne. Or une telle évaluation est d'une nature empirique, causale même : elle consiste à étudier dans les faits si une personne réussit à réaliser ce qu'elle s'est elle-même fixée (NH, 70). 2/ Les évaluations ne viennent pas de nulle part. Étant faites dans un contexte social donné, elles sont réalisées sur la base d'une culture commune qui facilite l'intersubjectivité dans le jugement sur les degrés minimum de bien-être. 3/ Elles peuvent être rendues explicites et faire l'objet de décisions motivées. Un conflit d'opinion peut devenir *théoriquement* décidable si les opposants prennent une décision commune à propos des critères définissant le bonheur minimal et sont donc capables de les formuler en termes intersubjectivement vérifiables (NH, 96). 4/ Nous l'avons précédemment évoqué, il existe un jugement *secondaire* de santé et de maladie qui n'est pas *en lui-même*, axiologique. C'est le cas lorsqu'on « attribue la santé à quelqu'un *avec, en arrière-plan des critères standard qui ont préalablement fait l'objet d'une décision* » (NH, 80). Il s'agit d'applications théoriques de normes et valeurs établies par d'autres évaluateurs. Ainsi, pour Nordenfelt, dans ces conditions, en dépit de la part normative et axiologique inhérente au concept de santé, il y a place pour des jugements empiriques à partir de critères préétablis. Il souligne en outre qu'en médecine, on n'a pas même besoin de ces critères axiologiques car la santé est alors suffisamment compromise pour que ce qu'elle étudie soit identifié comme pathologique et ce, quelle que soit la nature précise des circonstances acceptées et des buts vitaux.

Clarification de cas problématiques : la vieillesse, la grossesse, le deuil et l'homosexualité. – Une théorie de la santé doit permettre de préciser les frontières du normal et du pathologique au niveau général et ainsi aider à la résolution d'un certain nombre de controverses. Nordenfelt s'intéresse plus particulièrement à quatre cas qu'il traite comme des cas tests pour sa théorie : sa définition de la santé doit pouvoir rendre compte de ce que nous ne les catégorisons habituellement pas comme des maladies. 1/ Le processus de dégénérescence du *vieillissement* paraît à première vue un bon candidat pour la catégorie du pathologique. Or nous ne considérons habituellement pas la vieillesse comme pathologique. Une solution qui semble avoir la préférence de Nordenfelt consiste à dire qu'elle ne fait pas partie des facteurs qui compromettent la santé car si le choix des buts varie avec l'âge, les capacités requises pour être en bonne santé varient aussi alors avec l'âge. Dès lors, on peut considérer que des capacités sont réduites sans pour autant que la santé soit réduite ou compromise par le vieillissement. La personne âgée ajuste ses ambitions à ces nouvelles réalités (NH, 113). Si l'on considère que la santé est bel et bien compromise par le vieillissement, il reste qu'il s'agit d'un processus inévitable et qui est donc, en principe, incurable, puisque pour Nordenfelt, l'hypothèse causale la plus plausible pour expliquer le vieillissement est d'ordre génétique. Dès lors, ce vieillissement qui compromettrait la santé, et serait donc dans une certaine mesure une maladie *(illness)* dans son sens le plus général, n'entre toutefois pas dans la conception médicale de la maladie puisque cette dernière inclut le critère de la *curabilité*. 2/ Dans le cas le plus général de la *grossesse*, bien qu'elle entraîne un inconfort et certaines incapacités, il n'y a pas non plus menace pour la santé puisque, avoir un enfant, est généralement pour une femme enceinte un but vital. S'il y a mauvaise santé au sens d'un empêchement à réaliser certains buts, ce n'est pas de manière *durable* et c'est suite, la plupart du temps, à un choix des individus, même si les inconvénients de santé liés à la grossesse ne sont pas désirés pour eux-mêmes. En réalité, il s'agit d'une situation de conflit de buts (avoir un enfant et exercer sa profession par exemple), qui sont tous deux vitaux, mais ne peuvent pas être satisfaits de manière simultanée, et la solution se trouve généralement dans un échelonnement dans le temps des buts vitaux. 3/ *Le deuil, le désespoir ou la frustration* tendent à réduire les capacités générales d'un sujet et donc à compromettre sa santé. Or il est contre-intuitif de considérer ces états comme pathologiques. Nordenfelt propose une solution à partir d'une analyse morale des émotions (*NH*, 115-116). À la différence d'*humeurs* négatives comme certaines dépressions que nous appréhendons comme des conséquences d'atteintes sous-jacentes ou de pathologies du sujet, il s'agit d'*émotions* négatives qui constituent des réponses à des situations et sont liées à la nature morale des individus. Il est par exemple moralement justifié – et même moralement recommandable – d'être en deuil suite à la mort d'un parent proche, et le développement de ces émotions négatives est une conséquence indirecte de notre éducation morale. Or ce n'est pas le cas des maladies qui n'ont pas, selon nos intuitions ordinaires, de lien avec notre éducation morale. Surtout, la disposition à ressentir des émotions, riches et variées, les négatives incluses, est concomitante de notre sensibilité émotionnelle et constitue une précondition pour une vie minimalement heureuse. Dès lors, il n'est pertinent de parler de maladie que dans les cas extrêmes pour lesquels l'émotion est exagérée et se prolonge de manière anormale. 4/ Pour *l'homosexualité*, Nordenfelt nie qu'elle soit pathologique au regard de sa théorie de la santé. Il soutient tout d'abord qu'il y a bien peu d'éléments pour défendre l'idée selon laquelle les homosexuels seraient malheureux et affectés d'une incapacité. L'homosexualité n'entraîne pas la stérilité. Si on peut les dire malheureux c'est à cause du contexte : la condamnation et l'exclusion sociale qu'ils peuvent subir. Puis, il soutient, contre C. Boorse notamment, que la reproduction et la vie familiale ne sont pas des buts vitaux universels. En outre, même s'ils l'étaient, les homosexuels en général, ne sont pas dans *l'incapacité* de réaliser ces buts (*NH*, 131-139).

Univocité : le physique et le mental, les animaux et les plantes. – La définition de la santé comme la capacité à réaliser, dans des circonstances acceptées, ses buts vitaux est suffisamment générale pour valoir aussi bien pour la santé physique que la santé mentale d'une part, et pour être applicable, par analogie tout au moins, aux animaux et aux plantes, d'autre part. Ce sont, pour Nordenfelt, les conditions que doit remplir une théorie générale de la santé, ambitions théoriques qu'il partage avec la TBS de Boorse. Tout d'abord, ainsi définie, la *santé* est neutre relativement à la distinction entre santé mentale et physique. Ceci est une conséquence d'une définition dont le concept fondamental est celui de capacité : la capacité présuppose toujours un ordre à la fois physique et mental. Pour ce qui concerne la *maladie*, la distinction vient simplement préciser la nature respectivement mentale ou physique des facteurs qui compromettent la santé (*NH*, 99-100)[1]. Ensuite, la notion générale de bien-être vaut aussi bien pour les êtres humains que pour les animaux. La plupart des animaux, tout au moins les plus organisés, ont bien des intentions et des besoins qui constituent des buts vitaux. La différence entre l'homme et l'animal concerne seulement la complexité, la variété et la richesse de ces buts (*NH*, 141). La nomenclature des pathologies est d'ailleurs partiellement identique et souvent très comparable entre l'humain et l'animal. Les chiens et les chevaux peuvent se casser les pattes, attraper la grippe ou encore, avoir des troubles cardiaques. En outre, la plupart de nos connaissances sur les pathologies humaines sont acquises à

1. Pour plus de précisions sur la santé mentale : *Rationality and Compulsion: Applying Action Theory to Psychiatry*, Oxford, Oxford University Press, 2007.

partir de celles qui sont observées sur l'animal. C'est bien qu'il y a « un lien conceptuel et empirique étroit entre pathologie animale et pathologie humaine » (*NH*, 139). Pour les animaux moins organisés et les plantes, la question est plus difficile à résoudre. En quel sens parler ici de bien-être et surtout de but au sens idéal d'action intentionnelle ? Dans l'ouvrage de 1995 *(NH)*, une première réponse consiste à dire que l'application des concepts de santé aux plantes se fait par analogie et que cette dernière serait ici « incomplète ». Plus récemment, Nordenfelt a mieux développé ce point en précisant, à partir des notions de *vitalité* ou d'*épanouissement (flourishing)* plutôt que de *bonheur*, la nature du bien-être qui serait attribuable à ces êtres vivants[1]. Mais il est alors conduit à désolidariser les notions de capacité et d'action pour définir la vitalité et à recourir au concept factuel et biologique de but, les buts de ces organismes les plus simples pouvant bien être identiques à ceux de la survie et de la reproduction. Dès lors, son concept de santé pour les plantes se rapproche de celui fonctionnaliste de Boorse et le respect de l'univocité du concept général semble ici questionné.

Quelques critiques de la théorie holistique. – La théorie holistique de la santé de Nordenfelt, plus récente que

1. « Holistic Theories of Health », *in* Kincaid H., McKitrick J. (ed.), *Establishing Medical Reality, Essays in the Metaphysics and Epistemology of Biomedical Science*, Dordrecht, Kluwer, 2007, p. 30-33. Voir aussi *Animal and Human Health and Welfare: A Comparative Philosophical Analysis*, Wallingford, CABI Publishing, 2006.

la TBS, a moins fait l'objet de critiques et de débats. Les critiques qui lui sont adressées concernent principalement la pertinence de la notion de *capacité*, d'une part, et une définition de la santé jugée trop large et trop vague, à cause principalement de son lien avec la notion de *bonheur*, d'autre part. Certains considèrent que sa théorie est trop favorable à une conception scientifique et ne fait pas assez place à la construction sociale du concept de santé[1]. D'autres, d'orientation plus naturaliste, lui reprochent de trop se rapprocher d'une conception subjectiviste et de ne pas remplir l'ambition affichée d'élaborer une théorie qui soit un « gardien contre la médicalisation ». Pour Thomas Schramme notamment, à qui nous empruntons cette dernière expression, Nordenfelt livre un concept de santé encore trop large qui conduit à l'inclusion d'états dans le domaine de la maladie *(illness)* qui ne correspondent pourtant pas à l'usage de ce terme dans le langage ordinaire[2]. Il n'est pas irréaliste par exemple pour l'athlète d'être malheureux quand il n'atteint que la quatrième marche du podium. Nous ne dirons pourtant pas de lui qu'il est malade. L'analyse du réalisme des buts et de la durabi-

1. Voir par exemple, G. Khushf, « What Is at Issue in the Debate about Concepts of Health and Disease? Framing the Problem of Demarcation for a Post-Positivist Era of Medicine », *in* L. Nordenfelt (ed.), *Health, Science, and Ordinary Language*, Amsterdam, Rodopi, 2001, p. 123-169.

2. « A Qualified Defence of a Naturalist Theory of Health », *Medicine, Health Care and Philosophy*, 2007, n° 10, p. 11-17.

lité du bonheur ne semble pas ici suffire pour résoudre cette difficulté qui était déjà celle de la conception subjectiviste des buts vitaux. Par ailleurs, son concept de santé ne laisse la possibilité qu'une personne soit heureuse, bien qu'elle ait une maladie, que si ses buts vitaux sont réalisés par quelqu'un d'autre. C'est alors le lien établi avec la santé et le bonheur qui poserait problème, ainsi que l'identification trop rapide entre *bien-être* et *bonheur* chez l'homme, même si Nordenfelt avait d'emblée reconnu que l'usage de la notion de bonheur dans cette identification diffère de celui du langage ordinaire (*NH*, 78). C'est aussi l'articulation d'un concept moniste avec une multiplicité de concepts secondaires qui est critiquable. La complexité des notions de santé pourrait bien être telle qu'il serait préférable de considérer qu'il y a plusieurs concepts fondamentaux[1].

1. *Idem.* Sur la complexité de ces concepts et la difficulté d'une position moniste, voir aussi B. Hofmann, « Complexity of the Concept of Disease as Shown Through Rival Theoretical Frameworks », art. cit.

Conclusion

Nous proposons de synthétiser les principaux apports ou approfondissements des analyses conceptuelles de la santé et de la maladie défendues par C. Boorse et L. Nordenfelt, relativement aux thèses de G. Canguilhem dans *Le normal et le pathologique*. Premièrement, l'analyse de la normativité biologique se déploie et s'affine au sein de débats complexes sur la normativité de la notion biologique de fonction. Tout d'abord, en partant d'un concept dit *non normatif* bien que téléologique de la fonction physiologique définie comme une contribution causale à un but et en déployant ainsi une *théorie de la fonction* absente de la physiologie bernardienne, Boorse a ouvert un espace nouveau de discussion pour un concept naturaliste et fonctionnaliste de santé. La notion de « norme non normative » dans la TBS trouve une justification conceptuelle qu'elle ne pouvait avoir dans la conception de Claude Bernard, principale cible de la critique de Canguilhem. Ensuite, les défenseurs d'un concept *normatif* de la fonction biologique fondent cette normativité sur la nécessité de faire appel à l'histoire étiologique et à l'effet sélectif pour rendre compte de la présence d'une fonction chez un être vivant. Leur approche peut être considérée comme un prolongement des intuitions de Canguilhem sur le fondement naturel et évolutionniste de la normativité du vivant, mais le lien avec l'organisme individuel n'est plus si central. Dès lors, il semble que seule la biologie ne saurait fonder ou justifier la priorité donnée à l'individu comme niveau pertinent pour le concept de santé. La théorie de Nordenfelt témoigne de ce qu'une recherche du fondement conceptuel d'un lien entre santé et autonomie des individus pourrait être plus prometteuse du côté d'une théorie de l'action qui appréhende la normativité à partir des actions ou buts intentionnels, plutôt que du côté d'une philosophie de la vie.

Deuxièmement, l'importance accordée par Canguilhem à l'expérience vécue et au point de vue individuel tendait à rendre difficilement pensable un concept objectif et scientifique de la maladie, ou tout au moins, son articulation à l'expérience subjective, toujours première historiquement et logiquement parlant, en droit si ce n'est en fait. Chez Boorse, la distinction entre concepts théorique et pratique et, chez Nordenfelt, la distinction entre le *pathologique (disease)*, concept analytique et scientifique, et la *maladie (illness)*, concept holiste, et l'analyse approfondie de leurs relations permettent de faire plus clairement place à des signes objectifs du pathologique qui soient indépendants de la présence (actuelle ou passée) d'une maladie ressentie par un individu. Par leurs analyses, même si celles-ci demeurent confrontées à un certain nombre de difficultés, un espace intéressant et fécond est ouvert pour la caractérisation de concepts théoriques de santé et de maladie. La distinction opérée par Nordenfelt entre la *définition* (recherche de la caractéristique la plus universelle) et la *description*, et la priorité donnée à la *capacité* sur l'*expérience* ou le *sentiment* pour la définition de la santé permettent de préciser la définition esquissée par Canguilhem, tout en pondérant la relativisation du jugement de santé à l'expérience vécue d'un individu.

Ceci nous conduit au troisième point concernant la place faite au social relativement au biologique dans nos conceptions de la santé et de la maladie. Dans la théorie de Boorse, la distinction entre concepts théoriques et pratiques (clinique et social) permet une clarification séduisante. Mais sa validité dépend de la pertinence de son concept biostatistique. En partant d'une théorie de l'action et de la notion de but au sens intentionnel et idéal, la théorie holistique de Nordenfelt se donne les moyens d'une analyse plus précise de la part des déterminants sociaux dans notre conception de la santé. Pour autant, la définition de la santé n'est pas totalement subordonnée au social. Son analyse de l'influence sociale sur notre concept de santé se démarque des thèses relativistes et constructivistes et de la version forte du normativisme, en maintenant l'espace d'un concept fondamental, général et unique, de santé qui transcende les différences culturelles et sociales. Toutefois, quand sa théorie veut justifier la validité de son concept de santé pour les êtres vivants comme les animaux les moins organisés et les plantes, son unité mais aussi son univocité deviennent alors problématiques. Aussi, ne serait-ce pas finalement l'ambition d'élaborer un concept général et univoque de la santé qui serait ici questionnée ?

Bibliographie sélective

Nous ne mentionnons ici que les principaux ouvrages et les articles utilisés pour les trois auteurs.

1/ Georges Canguilhem

Essai sur quelques problèmes concernant le normal et le pathologique, Clermont-Ferrand, Imprimerie "La Montagne", 1943

La connaissance de la vie, Paris, Vrin, 1965

Le normal et le pathologique, Paris, PUF, 1966

Idéologie et rationalité dans l'histoire des sciences de la vie, Paris, Vrin, 1977

Études d'histoire et de philosophie des sciences concernant la vie, Paris, Vrin, éd. 1994

Écrits sur la médecine, Paris, Seuil, 2002

2/ Christopher Boorse

« On the Distinction between Disease and Illness », *Philosophy and Public Affairs*, 1975, n° 5, p. 49-68

« What a Theory of Mental Health Should Be », *Journal for the Theory of Social Behaviour*, 1976, n° 6, p. 61-84

« Wright on Functions », *Philosophical Review*, 1976, n° 85, p. 70-86

« Health as a Theoretical Concept », *Philosophy of Science*, 1977, n° 44, p. 542-573

« Concepts of Health », *in* D. Van De Veer and T. Regan (ed.), *Health Care Ethics: An Introduction,* Philadelphia, Temple UP, 1987, p. 359-393

« A Rebuttal on Health », *in* J. M. Humber and R. F. Almeder (ed.), *What is Disease?,* Totowa, Humana Press, 1997, p. 3-134

« A Rebuttal on Functions », *in* A. Ariew, R. Cummins and M. Perlman (ed.), *Functions*, New York, Oxford University Press, 2002, p. 63-112

3/ Lennart Nordenfelt

« On the Relevance and Importance of the Notion of Disease », *Theoretical Medicine*, 1993, n° 14, p. 15-26

On the Nature of Health. An Action-Theoretic Approach, Dordrecht, Reidel Publishing Company, 1995

Talking about Health, A Philosophical Dialogue, Amsterdam – Atlanta, Rodopi, 1997

Action, Ability and Health. Essays in the Philosophy of Action and Welfare, Dordrecht, Kluwer Academic Publishers, 2000

Health, Science, and Ordinary Language, Amsterdam, Rodopi, 2001

« The Logic of Health Concepts », *in* G. Khushf (ed.), *Handbook of Bioethics*, Dordrecht, Kluwer, 2004, p. 205-222

Animal and Human Health and Welfare: A Comparative Philosophical Analysis, Wallingford, CABI Publishing, 2006

Rationality and Compulsion: Applying Action Theory to Psychiatry, Oxford, Oxford University Press, 2007

Recueils de textes et articles fondamentaux sur les concepts de santé et de maladie

Caplan A. L., Engelhardt H. T., McCartney J. J. (ed.), *Concepts of Health and Disease: Interdisciplinary Perspectives*, Reading, Mass, Addison-Wesley, 1981

Caplan A. L., McCartney J. J., Sisti D. A. (ed.), *Health, Disease, and Illness: Concepts in Medicine*, Washington DC, Georgetown University Press, 2004

Engelhardt H.T. and Spicker S. F. eds, *Evaluation an Explanation in the Biomedical Sciences*, Dordrecht, Reidel, 1975

Humber J.M. and Almeder R. F. (ed.), *What is Disease?*, Totowa, Humana Press, 1997

Kincaid H., McKitrick J. (ed.), *Establishing Medical Reality, Essays in the Metaphysics and Epistemology of Biomedical Science*, Dordrecht, Kluwer, 2007

Autres ouvrages ayant contribué au débat

Culver C. M., Gert B., *Philosophy in Medicine: Conceptual and Ethical Issues in Medicine and Psychiatry*, New York, Oxford University Press, 1982

Engelhardt H. T., *The Foundations of Bioethics*, New York, Oxford University Press, 1996

Fulford K. W. M., *Moral Theory and Medical Practice*, Cambridge, Cambridge University Press, 1989

Pellegrino E. D., Thomasma D. C., *A Philosophical Basis of Medical Practice: Toward a Philosophy and Ethic of the Healing Professions*, New York, Oxford University Press, 1981

Reznek L., *The Nature of Disease*, London, Routledge & Kegan Paul, 1987

Toombs S. K., *The Meaning of Illness, A Phenomenological Account of the Different Perspectives of Physician and Patient*, Dordrecht, Kluwer, 1992

Wulff H. R., Pedersen S. A., Rosenberg R., *Invitation à la philosophie de la médecine*, Paris, Sauramps, 1993

Index des notions

Index des noms

PHILOSOPHIES

1. Galilée, Newton lus par Einstein. Espace et relativité (4e édition), *par Françoise Balibar*
2. Piaget et l'enfant (2e édition), *par Liliane Maury*
3. Durkheim et le suicide (4e édition), *par Christian Baudelot et Roger Establet*
4. Hegel et la société (2e édition), *par Jean-Pierre Lefebvre et Pierre Macherey*
5. Condorcet, lecteur des Lumières (2e édition), *par Michèle Crampe-Casnabet (épuisé)*
6. Socrate (4e édition), *par Francis Wolff*
7. Victor Hugo philosophe, *par Jean Maurel*
8. Spinoza et la politique (3e édition), *par Étienne Balibar*
9. Rousseau. Économie politique (1755), *par Yves Vargas (épuisé)*
10. Carnot et la machine à vapeur, *par Jean-Pierre Maury*
11. Saussure. Une science de la langue (3e édition), *par Françoise Gadet*
12. Lacan. Le sujet (3e édition), *par Bertrand Ogilvie*
13. Karl Marx. Les Thèses sur Feuerbach, *par Georges Labica*
14. Freinet et la pédagogie, *par Liliane Maury*
15. Le « Zarathoustra » de Nietzsche (2e édition), *par Pierre Héber-Suffrin*
16. Kant révolutionnaire. Droit et politique (2e édition), *par André Tosel*
17. Frankenstein : mythe et philosophie (2e édition), *par Jean-Jacques Lecercle*
18. Saint Paul, *par Stanislas Breton*
19. Hegel et l'art (2e édition), *par Gérard Bras*
20. Critiques des droits de l'homme, *par Bertrand Binoche*
21. Machiavélisme et raison d'État, *par Michel Senellart*
22. Comte. La philosophie et les sciences, *par Pierre Macherey*
23. Hobbes. Philosophie, science, religion, *par Pierre-François Moreau*
24. Adam Smith. Philosophie et économie, *par Jean Mathiot*
25. Claude Bernard. La révolution physiologique, *par Alain Prochiantz*
26. Heidegger et la question du temps (2e édition), *par Françoise Dastur*
27. Max Weber et l'histoire, *par Catherine Colliot-Thélène*
28. John Stuart Mill. Induction et utilité, *par Gilbert Boss*
29. Aristote. Le langage, *par Anne Cauquelin*

30. Robespierre. Une politique de la philosophie, *par Georges Labica*
31. Marx, Engels et l'éducation, *par Lê Thành Khôi*
32. La religion naturelle, *par Jacqueline Lagrée*
33. Aristote et la politique (2e édition), *par Francis Wolff*
34. Sur le sport, *par Yves Vargas*
35. Einstein 1905. De l'éther aux quanta, *par Françoise Balibar*
36. Wittgenstein : philosophie, logique, thérapeutique, *par Grahame Lock*
37. Éducation et liberté. Kant et Fichte, *par Luc Vincenti*
38. Le fétichisme. Histoire d'un concept, *par Alfonso Iacono*
39. Herbert Marcuse. Philosophie de l'émancipation, *par Gérard Raulet*
40. Un droit de mentir ? Constant ou Kant, *par François Boituzat*
41. Les émotions de Darwin à Freud, *par Liliane Maury*
42. Le travail. Économie et physique, 1780-1830, *par François Vatin*
43. Bachelard et la culture scientifique, *par Didier Gil*
44. Leibniz et l'infini, *par Frank Burbage et Nathalie Chouchan*
45. C. S. Peirce et le pragmatisme, *par Claudine Tiercelin*
46. La déconstruction. Une critique, *par Pierre V. Zima*
47. Jeremy Bentham. Le pouvoir des fictions, *par Christian Laval*
48. Pierre Bayle et la religion, *par Hubert Bost*
49. Marcel Mauss. Le fait social total, *par Bruno Karsenti*
50. Mallarmé. Poésie et philosophie, *par Pierre Campion*
51. Maurice Halbwachs. Consommation et société, *par Christian Baudelot et Roger Establet*
52. Descartes et les « Principia » II. Corps et mouvement, *par Frédéric de Buzon et Vincent Carraud*
53. La causalité de Galilée à Kant, *par Elhanan Yakira*
54. Deleuze. Une philosophie de l'événement, *par François Zourabichvili*
55. Jean Cavaillès. Philosophie mathématique, *par Hourya Sinaceur*
56. Pascal. Figures de l'imagination, *par Gérard Bras et Jean-Pierre Cléro*
57. Pascal. Contingence et probabilités, *par Catherine Chevalley*
58. Vico et l'histoire, *par Paolo Cristofolini*
59. Diderot et le drame. Théâtre et politique, *par Alain Ménil*
60. Husserl. Des mathématiques à l'histoire, *par Françoise Dastur*
61. Dieu et les créatures selon Thomas d'Aquin, *par Laurence Renault*
62. Les « Principia » de Newton, *par Michel Blay*
63. Berkeley. L'idée de nature, *par Roselyne Dégremont*
64. Marx et l'idée de critique, *par Emmanuel Renault*
65. La différence des sexes, *par Geneviève Fraisse*
66. Fénelon et l'amour de Dieu, *par Denise Leduc-Fayette*
67. Montesquieu. Politique et richesses, *par Claude Morilhat*
68. Érasme. Humanisme et langage, *par Paul Jacopin et Jacqueline Lagrée*
69. Spinoza. Chemins dans l'« Éthique », *par Paolo Cristofolini*
70. Bertrand Russell. L'atomisme logique, *par Ali Benmakhlouf*
71. La finalité dans la nature. De Descartes à Kant, *par Colas Duflo*

114. Hegel. Temps et histoire, *par Jean-Marie Vaysse*
115. Aristote et la juste mesure, *par Marie-Hélène Gauthier-Muzellec*
116. Fichte et Hegel. La reconnaissance, *par Franck Fischbach*
117. Simondon. Individu et collectivité, *par Muriel Combes*
118. Clausewitz et la guerre, *par Hervé Guineret*
119. Bruno, l'infini et les mondes, *par Antonella del Prete*
120. L'homme et l'animal. La philosophie antique, *par Thierry Gontier*
121. Hume et la régulation morale, *par Éléonore Le Jallé*
122. Maine de Biran. Sujet et politique, *par Agnès Antoine*
123. Pensée symbolique et intuition, *par Michel Bourdeau*
124. Le rythme grec d'Héraclite à Aristote, *par Pierre Sauvanet*
125. G.T. Fechner, le parallélisme psychophysiologique, *par Isabelle Dupéron*
126. Aristote. La Métaphysique, *par Annick Jaulin*
127. La chimie selon Kant, *par Mai Lequan*
128. Atome et nécessité, *par Pierre-Marie Morel*
129. Avicenne. L'âme humaine, *par Meryem Sebti*
130. Le goût. Art, passions et sociétés, *par Fabienne Brugère*
131. Kelsen et Hart. La norme et la conduite, *par Emmanuel Picavet*
132. Franz Rosenzweig. Existence et philosophie, *par Gérard Bensussan*
133. Lectures de Kant. Le problème du dualisme, *par Christophe Bouriau*
134. Comenius. L'utopie du paradis, *par Olivier Cauly*
135. Feyerabend. Épistémologie, anarchisme et société libre, *par Emmanuel Malolo Dissakè*
136. Rousseau et le contrat social, *par Lelia Pezzillo*
137. Sartre. Conscience, ego et psyché, *par Jean-Marc Mouillie*
138. Leibniz et le langage, *par Frédéric Nef*
139. Nietzsche. La volonté de puissance, *par Pierre Montebello*
140. Ramsey. Vérité et succès, *par Jérôme Dokic et Pascal Engel*
141. Nietzsche et la biologie, *par Barbara Stiegler*
142. Montesquieu et les passions, *par Jean Goldzink*
143. Friedrich Nietzsche, *par Mazzino Montinari*
144. Dieu, l'ordre et le nombre, *par Jean-Marc Rorhbasser*
145. Lucrèce. Atomes, mouvement physique et éthique, *par Alain Gigandet*
146. Quine, Davidson. Le principe de charité, *par Isabelle Delpla*
147. Hermann Cohen, *par Éric Dufour*
148. Philosophie et littérature, *par Philippe Sabot*
149. Art, représentation, expression, *par Jean-Pierre Cometti*
150. Ce que fait l'art, *par Marie-Dominique Popelard*
151. Heinrich Hertz. L'administration de la preuve, *par Michel Atten et Dominique Pestre*
152. Hilary Putnam, l'héritage pragmatiste, *par Claudine Tiercelin*
153. Voir et connaître à l'âge classique, *par Philippe Hamou*
154. Simone Weil. L'attention et l'action, *par Joël Janiaud*
155. Temps et causalité, *par Sacha Bourgeois-Gironde*

Achevé d'imprimer en septembre 2025
sur les presses de la Nouvelle Imprimerie Laballery
58500 Clamecy

Imprimé en France

La Nouvelle Imprimerie Laballery est titulaire de la marque Imprim'vert®

Numéro d'impression : 42675